레몽 아롱의
자유와 평등

레몽 아롱의 **자유와 평등**
콜레주 드 프랑스 마지막 강연

초판 1쇄 인쇄일 2023년 11월 15일   초판 1쇄 발행일 2023년 11월 20일

지은이 레몽 아롱 | 편집·해제 피에르 마냥 | 옮긴이 이대희
펴낸이 박재환 | 편집 유은재 | 관리 조영란
펴낸곳 에코리브르 | 주소 서울시 마포구 동교로15길 34 3층(04003)
전화 702-2530 | 팩스 702-2532
이메일 ecolivres@hanmail.net | 블로그 http://blog.naver.com/ecolivres
출판등록 2001년 5월 7일 제201-10-2147호
종이 세종페이퍼 | 인쇄·제본 상지사 P&B

ISBN 978-89-6263-260-6 03100

책값은 뒤표지에 있습니다.   잘못된 책은 구입한 곳에서 바꿔드립니다.

RAYMOND ARON
LIBERTÉ ET ÉGALITÉ

콜레주 드 프랑스 마지막 강연

피에르 마낭 엮음 · 피에르 마낭 해제 · 이기언 옮김

레몽 아롱의

자유와 평등

에코리브르

차례

일러두기

이 텍스트는 1978년 4월 4일 레몽 아롱이 콜레주 드 프랑스에서 한 마지막 강연 원고이다. 기록이 유실되어 부정확한 타자본을 바탕으로 줄리오 드 리지오(Giulio de Ligio)와 피에르 마낭이 텍스트를 편집했는데, 저자의 '의도를 살펴서' 취사선택을 할 수밖에 없었다. 텍스트는 그 자체로, 학술 활동의 황혼기에 접어든 레몽 아롱의 정치적 관점의 일면을 충실하게 보여준다.

자유와 평등

여러분에게 이미 공지한 것처럼 나는 이 마지막 강연을 자유, 더 정확하게는 **자유들**에 할애하려 합니다. 사실 나는 자유라는 단어를 단수로 사용하고 싶지 않습니다. 평화는 나눌 수 없다고 말하는 것처럼—이는 사실이 아닙니다—자유는 나눌 수 없다고 간혹 말하기도 하는데 이 또한 잘못입니다. 아주 억압적인 사회에서도 개인들은 어떤 자유들을 누립니다. 이를 이해하기 위해서는 자유라는 단어를 가장 평범한 의미로 사용해보면 됩니다. 그러면 이것과 저것 중에 선택할, 하거나 하지 않을, 교회에 가거나 가지 않을 가능성이 있는 개인은 이런 특정 활동과 관련해서 자유롭고, 이런 의미에서 **자유들**이 있다는 것을 우리는 알 수 있습니다. 우리는 모두 어떤 자유들은 누리지만, 모든 자유들을 누리지는 못합니다. 현실에서 우리가 어떤 자유들을 누리기 위해서는 우리의 자유들을 행사하는 것을 다른 사회 구성원들이 막지 못하도록 해야 합니다 (그들이 우리를 막는 것을 막아야 합니다). 우리가 대중 집회를 조직하려고 할 때, 집회가 개최되려면 다른 집회들을 금지하거나 우리 집회를 막는 다른 집회들을 막아야 합니다. 이것이 의미하는 바는, 무엇인가 또는 누군가를 위한 자유는 대개의 경우 그 반대급부로 다른 무엇인가 또는 다른 누군가에 대한 제한이나 금지가 동반될 수밖에 없다는 것입니다.

물론 우리가 17세기나 18세기 철학자들의 방식대로 추론하거나 자연상태를 참조한다면, 문제는 다르게 제기될 것입니다. 자연상태에서, 즉 아직 사회상태가 없을 때, 자유는 개인의 능력이나 힘과 혼동된다고 말할 수 있습니다. 사실 어떤 철학자들은 자연상태를 각자의 자유가 각자의 힘과 혼동되는 상태라고 분석했습니다. 개인은 자연과 싸워야 하는데, 자신의 힘으로 실행할 능력이 되는 일을 할 자유가 있지만, 또한 타인들도 존재하고, 그 타인들과 아직 사회적 관계를 맺지 않았기 때문에, 그들과 평화 상황에도 전쟁 상황에도 처할 수 있습니다.

여러분이 알고 있는 것처럼, 어떤 철학자들은 자연상태를 만인 대 만인의 투쟁으로 규정했습니다. 가장 두드러진 예는 토머스 홉스(Thomas Hobbes)인데, 그는 게다가 자신이 묘사한 자연상태를 국가들의 관계와 비교했습니다. 그에 따르면 국가들은 사실상 자연상태, 즉 실질적이든 단순히 잠재적이든 영구적인 전쟁 상태에 있습니다. 반대로 샤를 몽테스키외(Charles Montesquieu) 같은 다른 철학자들은 자연상태를 각자가 다른 이들을 이기려는 전쟁 상태가 아니라, 사람들이 불안해하고 겁이 많아서 지배 의식이나 폭력 본능을 전혀 가지지 않는 상태로 묘사했습니다. 자연상태에 대한 이렇게 서로 다른 해석들의 논쟁을 딱 잘라 해결할 수 있을지 나는 확신이 서지 않습니다. 이 해석들은 인간 본성에 대한 서로 다른 이론에 근거하기 때문입니다. 그리고 우리가 잘 모르는 구석기 시대의 인간 상황으로 거슬러 올라가기보다는 오히려 신석기 시대의 작은 사회와 현대 사회에서 우리가 아는 바를 참조하는 것이 더 나아 보입니다.

사람들이 확실하다고 또는 거의 확실하다고 단언할 수 있는 전부는, 사회를 벗어나면 사람들 사이를 불안이 지배한다는 것입니다. 내 생각에, 자연상태라는 개념을 사용하는 대부분의 철학자는, 모든 개인을 능가하는 권력이 없다면, 평화를 강제할 수 있는 권력이 없다면 적어도 불안 상황에 놓인다는 것을 인정합니다. 그래서 몽테스키외가 《법의 정신(L'Esprit des lois)》에서 정치적 자유를 다음과 같이 정의한 것은 아주 의미심장합니다. "정치적 자유는 안전에, 또는 최소한 사람들이 자신이 안전하다고 인식하는 데 달려 있다."(12편 2장) 그리고 안전은 1789년의 〈인간과 시민의 권리 선언〉(1789년 프랑스 대혁명 때 국민회의에서 발표한 것으로 '프랑스 인권 선언'으로 불린다─옮긴이) 2조에서 열거한 기본권 가운데 세 번째로 나옵니다. 더욱이 안전이라는 용어에 재산이라는 용어를 합칠 수도 있는데, 재산은 2조에서 자유 바로 다음인 두 번째 자리를 차지합니다. 실제로 자기가 가지고 있는 것, 자기에게 속한 것을 보호받지 못한다면 개인에게 안전이란 없습니다. 어떤 재산이라도 안전을 누려야 한다고 내가 의미하거나 암시하려는 것은 아닙니다. 모든 사회는 재산을 규율하는 법을 제정해 어떤 형태의 재산이 합법적인지를 결정합니다. 모든 사회에는, 심지어 완전히 사회주의적인 사회에도 개인의 재산인 것이 있어서, 안전과 재산이 기본권의 일부를 이룬다는 점은 이론의 여지가 없어 보입니다. 재산의 내용은, 거듭 말하건대 해당 사회의 법으로 결정됩니다.

이 모든 것의 결론은, 자유를 추상적으로 설정하거나 추론해봐야 별 의미가 없다는 것입니다. 내 강연을 듣는 청중 가운데 한 명이 나에게 유명한 자유의 정의를 상기시켜 주었습니다. "자유는 다른 사람에게 해롭지 않은 모든 것을 할 수 있는 데 있다. 그러므로 각자의 자연권 행사는 사회의 다른 구성원에게 같은 권리의 향유를 보장하는 제한 외에는 제한이 없다. 그 제한은 법에 의해서만 규정될 수 있다." 물론 여러분은 1789년의 그 선언문 4조라고 간파했을 것입니다. 적어도 이 표현의 의미를 정확하게 정의하려고 하지 않는 한, 누가 이 문구를 받아들이지 않겠습니까? 사실 다른 사람에게 해롭지 않는 한 각자가 자유로울 수 있다는 것은 말하자면 자명한 일입니다. 그러나 현대 사회에서 특별히 의미가 있는 예를 하나 든다면, 한 사람의 경제 활동이 다른 사람들에게 해롭지 않다는 것을 어떻게 증명할 수 있을까요?

달리 말하자면, 이 문구는 한편으로는 자명하고,

다른 한편으로는 거의 의미가 없습니다. 다른 예를 하나 들자면, 여러분이 가진 사상의 자유를 활용해서 정부 정책을 극단적으로 비판하고, 정부가 제정하는 법이나 정부가 수행하는 전쟁을 비난한다고 가정해봅시다. 그러면 여러분은 어떤 사람들, 즉 정부의 법이나 정책을 적용하거나 지지하는 사람들에게 명백하게 해가 됩니다. 따라서 사실상 자유나 자유들의 내용을 정확하게 또는 의미 있게 정의하기란 언제나 어려워 보입니다. 사회에 따라서 어떤 자유들은 합법적이고 필수적이라고 여겨지지만, 어떤 자유들은 알려져 있지 않습니다. 우리가 누리고 있고 우리에게는 기본적인 어떤 자유들이 다른 사회에서는 사소하게 여겨지거나 알려져 있지 않기도 합니다. 그러므로 모든 사회에 적용되는 자유들의 일반 이론을 정립한다고 주장하는 대신, 지금 이 자리에서는 우리의 자유들의 내용이 무엇인지를 명확하게 밝히도록 시도해보겠습니다. 이 자유들은 이미 민주적이고 번영하는 자유로운 나라들이거나 그렇게 되려는 나라들에서의 자유들입니다.

자유민주주의 국가들에서의 자유들

———

이 자유들은 공공 권력이 개인들에게 인정하고 보장하는 자유들입니다. 따라서 우리가 이 자유들을 누리기 위해서는 이 자유들의 행사를 막으려는 사람들에게 부과된 금지들로 자유들이 보장되어야 합니다. 나는 자유들을 네 가지 범주로 구별하겠습니다.

첫 번째는 개인들의 안전 또는 보호입니다. 이 첫 번째 범주에 해낭하는 자유들의 역설, 말하자면 어려움은, 이 자유들이 경찰과 사법에 의해 보장되면서 또한 동시에 사법이나 경찰의 남용으로부터도 보호된다는 것입니다. 18세기 사람들이 보기에 이 자유들의 핵심 구성 요소들 가운데 하나는 사법의 남용으로부터 보호하는 것이었지만, 개인들을 보호하는 것 또한 사법의 소명이었습니다. 마찬가지로 오늘날에는 법이 경찰로부터 자유를 보장해주지만, 다른 한편으로는 안전 열망이나 안전 욕구가 우리 사회에서는 극도로 강렬해서 더 많은 경찰을 요청하게 되는데, 같은 경찰을 두고 우리는 일반적으로는 저주를 퍼붓고, 어떤 상황에서는 진심으로 도움을 호소합니다. 이런 감정의 양면성이 약한 나라들도 아마 있을 것입니다. 프랑스에서는 양면성이 강해서, 같은 사람이 상황에 따라 경찰에 대해 아주 다른 감정을 느낍니다. 두 번째 범주의 자유들은 자국 안에서 그리고 자국의 국경을 넘어서는 이동의 자유로 요약할 수 있습니다. 우리는 누구에게도 허락받지 않고 전국 어디든 이동할 자유가 있습니다. 또한 자기 나라의 정치에 항거한다면 다른 나라를 선택해서 몇 년 뒤에는 그 나라 시민이 될 권리도 있습니다. 이 자유는 더구나 과거의 역사에서 비교적 드물었습니다. 세 번째 범주는 고용이나 직업 선택과 관련됩니다. 소비자의 자유로운 선택과 기업가들의 사업

할 자유를 포함하는 경제적 자유들이 이에 해당합니다. 네 번째 범주에는 종교적 자유와 일반적으로는 의견·표현·소통의 자유가 포함됩니다.

물론 이 첫 번째 계열의 자유들은 모두 불완전합니다. 사법 체계가 공공 권력에 의해 지나칠 정도로 휘둘리고 있다는 것을 밝히는 책을 여러 권 쓸 수 있습니다. 경찰을 비판하는 흑서(黑書)도 여러 권 쓸 수 있습니다. 그러나 다른 나라들에서 일어나는 일과 비교하면, 내가 염두에 두고 있는 서유럽 국가들 대부분에서 이 자유들은 충분히 보장되거나 확보된다고 할 수 있습니다. 네 번째 범주에 나는 종교와 일반적인 의견들을 같이 넣었습니다. 세속화한 사회에서 정치적 신념은 과거의 종교적 신념과 동등한 것이 되었거나 그렇게 되는 경향이 있기 때문입니다. 어쨌든 내가 지금 막 열거한 자유들의 집합을 **개인적 자유들**이라고 부르겠습니다. 그리고 종교나 의견 또는 신념에서 시작한 우리의 논의는 이제 **정치적 자유들**이라고 부를 두 번째 집합에 이르게 됩니다.

정치적 자유들은 투표·항의·집회 세 단어로 요약될 수 있습니다. 그리고 우리는 이러한 정치적 자유들을 충분히 누리고 있다고 여기서 또다시 말할 수 있습니다.

세 번째 범주는 **사회적 자유들**로, 사회적 권리들이라고 흔히 부르지만, 나는 사회적 자유들이라고도 부를 수 있다고 생각합니다. 사회적 자유들은 인구 대다수가 또는 가능하다면 인구 전체가 누리는 자유들이고, 그것은 사람들 각자의 수단들 덕분에 또는 국가가 필요한 사람들에게 제공하는 특수한 수단들 덕분에 누리는 자유들입니다. 즉 사회보장의 근본 이념은 치료받을 자유나 교육받을 자유와 같은 자유들을 행사할 수 있는 모든 물질적 수단을 주는 것이었습니다. 이러한 사회적 자유들에는 집단들의 자유라는 하위 범주가 있습니다. 노동조합의 요구 활동이든 기업의 노사위원회 업무이든, 목표는 직장인들의 여건을 개선하는 것 외에도 회사 경영자들의 막강한 권한을 줄이고, 민주주의의 열망에 좀 더 부합할 수 있는 것을 회사 생활에 도입하는 것입니다. 내가 여러분에게 여러 번 말했듯, 우리 사회의 근본적인 모순 가운데 하나는 직장생활이 민주주의 원칙에 따라 조직되지 않는다는 것입니다. 이런 점에서 보면, 집단이나 노동조합 또는 회사 노사위원회의 자유들은 대기업 내부에 존재하는 권위적인 위계를 줄이거나 완화합니다. 노동조합의 자유, 즉 개인들이 노동조합으로 결집할 수 있는 자유는 경영자와 직원 대표들 간의 권력 다툼으로 자연히 귀착하게 됩니다.

세 범주, 즉 개인적 자유들, 정치적 자유들, 사회적 자유들로 구별하는 것은 오늘날 흔히 하듯 형식적 자유들과 물질적 또는 실질적 자유들로 구별하는 것과 전혀 일치하지 않습니다. 사실 내가 시작하면서 언급한 개인적 자유들은 명확하게 전형적인 실질적 자유들로 보입니다. 한 도시에서 다른 도시로 옮겨 다니고,

자기 나라를 떠나서 필요하다면 자기 나라를 선택할 수 있는 능력보다 더 실질적인 것은 없습니다. 개인적 자유들의 경우, 본질적인 것과 무관한 형식적인 것은 없습니다. 그래서 나는 정반대로 이러한 개인적 자유들이 본질적으로 또는 현저하게 실질적이라고 말하겠습니다. 그리고 이 자유들에 대해서 평범하게라도 조금만 생각해본다면, 이 자유들이 침해되거나 제거되어야 이 자유들의 현저한 가치를 실감할 수 있을 만큼, 이 자유들은 우리에게 정상적이고 자명한 생활방식이 되었다는 것을 알 수 있습니다.

내가 세 번째로 언급한 사회적 자유들은 실질적 자유들과 동등하고 같은 수준입니다. 이 자유들은 사실 일부 자유들의 행사에 필요한 조건들이거나, 권위를 보유한 사람들과 권위를 감내하는 사람들 사이의 힘의 격차를 완화하려는 노력의 일환이기도 합니다. 우리 사회에서 명령하는 사람들과 복종하는 사람들이 있는 한, 복종하는 사람들의 조직화는 명령하는 사람들의 힘의 남용을 완화하기 위해 필요할 텐데, 그 필요성은 우리가 내세우는 원칙들로 정당화됩니다.

두 번째 범주인 정치적 자유들에 관해 말해보자면, 그 자유들이 형식적 자유들에 해당하는지, 실질적 자유들에 해당하는지 대답하기는 더욱 어렵습니다. 사실상 내가 정의한 대로의 정치적 자유들은 현저한 상징적 가치가 있으면서, 동시에 대부분의 상황에서 간접적으로 상당한 효력이 있다고 말할 수 있습니다. 투표권으로 정의되는 것과 같은 정치적 자유들이 왜 예외적인 상징적 가치가 있을까요? 말하자면 투표권은 모든 불평등에도 불구하고 그 자체로 본질적인 것, 즉 통치자를 선택하는 데 있어서 모든 개인의 평등을 인정하기 때문입니다. 물론 이것은 본질적으로 하나의 상징이라 말할 수 있고, 이는 사실입니다. 그러나 선거 절차의 정신이 존중되는 사회 내부에서는 이런 절차를 무시하는 사회에 만연한 많은 폭력과 불공정이 방지되거나 교정된다는 점에서, 선거 절차나 대의 절차가 결국에는 효과적인 자유의 한 형태임을 경험상 우리는 압니다. 선거 당일 각자의 미미한 권력은 상징에 불과하다고 말할 수 있고, 이는 사실입니다. 즉 우리는 대통령 선거를 제외하고 우리를 통치하는 사람들을 직접 선택하는 일은 없습니다. 그리고 우리가 그들을 선택할 때, 우리의 표는 수많은 표들 가운데 한 표에 불과합니다. 항상 선택의 여지가 없다고도 말할 수 있고, 이 역시 사실입니다. 우리는 두 사람 중에서 선택을 강요당하기 때문입니다. 어쩌면 우리는 제3의 인물을 선택하는 것이 더 좋은데도 말입니다. 의회 선거에서는 두 진영 중에서 선택하도록 강요당한다고 말할 수 있습니다. 우리의 마음은 '딴 곳에' 가 있는데 말입니다. 이런 점에서 선거 행위나 의회 절차가 사람들에게 스스로 통치한다는 느낌을 반드시 주지는 않는다는 것은 전적으로 사실입니다. 대의제 정부가 무엇보다 상징적 가치를 가진다는 것은 전적으로 사실이지만, 부차적으로가 아니라 우선적으로 이러한 절차의 존재,

즉 통치하는 사람들이 그들을 선출한 사람들 앞에 새로 입후보해야 하는 필요성은 권력 남용이나 전제주의로 나아가지 못하게 절대적으로 보장하는 것은 아니지만, 어쨌든 일종의 보호 장치와 말하자면 방벽이 된다는 것 또한 사실입니다. 요약하자면, 특히 20세기의 경험을 고려한다면, 내가 개인적 자유들과 사회적 자유들 사이에 추가한 이런 정치적 자유들은 가장 상징적으로 중요한 자유의 형태이자 동시에 다른 자유들의, 경우에 따라서 정도를 달리하는, 핵심 조건으로 간주될 수 있습니다.

우리 사회의 자유들을 다음과 같은 방식으로 제시할 수도 있을 것입니다. 즉 우리의 자유들은 국가 덕분이면서 또한 국가에 반하는 것으로 정의될 수 있습니다. 개인의 자유들은 수 세기 동안 국가의 권력 남용에 대한 저항으로, 국가의 전능한 권력의 제한으로 인식되어왔지만, 동시에 우리는 현재 살고 있는 사회에서 우리 자유들의 일부를 국가가 보장해주기를 기대

합니다. 이는 국가 덕분에 그리고 종종 국가에 반해서 규정되는 안전의 경우에 특히 두드러집니다. 비판의 자유를 보자면, 필연적으로 지식인들은 본질적인 자유로 간주할 텐데, 비판의 자유는 국가에 반대하는 의견을 표명할 수 있다는 것을 전제하고, 따라서 국가로서는 그렇게 할 가능성을 보장해야 합니다. 조건은 국가가 민주주의 유형이어야 한다는 것입니다. 즉 당파적 국가가 아니고, 어떤 종교 또는 어떤 이데올로기와 혼동되지 않아야 합니다. 국가가 어떤 이데올로기를 거부해서 또는 모든 이데올로기에 주어진 자유 때문에 부정적으로만 규정되는 것은 위험하겠지만, 사실 우리 체제는 이런 방식으로 규정됩니다. 실질적인 능력인 사회적 자유들을 보자면, 실질적인 능력은 또한 국가나 노동조합의 보호나 도움에서 나오는데, 도움과 보호는 노동자들의 개인적인 힘을 키워줍니다. 세 번째 종류의 자유들인 시민의 자유들을 보자면, 그 핵심은 우리가 알고 있는 바와 같이 선거와 기타 절차를 통해서 국가에 참여하는 자유라는 것이 확실합니다.

자유 의식과 좋은 사회의 표상

아주 길게 말할 수도 있을 문제 두 가지를 나는 의도
적으로 제쳐두었습니다. 나는 자유의 **느낌** 문제를 완
전히 제쳐두었지만, 내가 앞서 설명한 사회의 원칙들
을 지닌 사회에서도 많은 사람들이 자유롭지 않은 느
낌을 가지고 있음을 나는 전적으로 인정할 수 있습니
다. 우선 기존 체제를 싫어하는 사람들을 살펴보면,
그들은 모두 자신들이 억압받고 있다고 생각합니다.
아마도 그들은 실제로 그럴 것입니다. 프랑스처럼 불
평등한 사회에서는 어쨌든 억압받는 사람들이 항상 있
으니까요. 그러나 어떤 식으로든 권위 체계가 그 자체
로 불공정하다고 사회 구성원들이 간주하게 되면, 그
들은 자유의 느낌을 체감하지 못하게 됩니다. 달리 말

하자면, 자유의 느낌을 주는 조건이나 상황은 많고 다양합니다. 그래서 그 조건이나 상황을 체계적으로 규명하는 것은 대체로 불가능합니다. 내가 시도했던 것처럼, 서로 다른 자유들의 내용을 엄격하게 적시할 수 있는 것과는 다릅니다. 그렇기 때문에, 여기 모인 우리 대부분이 자유 사회라고 간주하는 프랑스 사회가 일부 사람들에게는 억압 사회라고 느껴질 수도 있다는 것을 우리는 받아들여야 합니다. 그 사람들이 겪고 있는 물질적 상황 때문이거나, 어쩌면 더 심각한 다른 이유, 말하자면 좋은 사회에 대한 그들의 표상 같은 것 때문에 말입니다. 현재 사회가 특히 생산수단의 개인적 소유를 용인하고 있기 때문에 그 자체로 불공정하다고 사회 구성원들이 간주하는 한, 그들은 그 자체로 자유를 박탈당하고 있다고 느낍니다. 그들은 권력 체계의 정당성과 함께 경제적·사회적 질서의 정당성을 총체적으로 인정하지 않으니까요. 자유 의식은 사회의 정당성 의식과 별개가 아니고, 사회의 정당성 의식은 불평등 수준과 권위 체계가 불러일으키는 느낌들에 크게 달려 있다고 나는 기꺼이 말할 수 있습니다. 그러므로 사람들 각자의 이데올로기가 자유롭다고 느끼거나 그 반대로 자유가 없다고 느끼는 주요 원인들 가운데 최소한 하나이기 때문에, 사람들이 특정 사회에서 자유롭다는 느낌을 실감하는지 그리고 어떤 상황에서 그런지를 알아내기는 어렵습니다.

더욱이 기업 안에 존재하는 직업적 규율은 일부 사람들과 노동자들에게 부자유 체제로 느껴지고, 이러한 부자유 인상은 덜 위계적인 노동의 조직화로만, 또는 체제 자체에 대한 노동자들의 더 많은 지지로만 완화될 수 있다는 점을 우리는 또한 압니다. 미국 노동자들은 자본의 개인적 소유를 압도적으로 지지합니다. 그래서 그들이 보기에는 노동의 조직화가 정당하거나 받아들일 수 있는 것이어서, 많은 사람이 체제의 정당성을 받아들이기를 명시적으로 거부하고, 그에 따라서 명령하는 사람들의 권위를 받아들이기를 명시적으로 거부하는 사회에서 사는 사람들보다 그들은 덜 억압받는다고 느낍니다.

　마지막으로, 나는 적어도 또 다른 강연이 하나 더 필요할지도 모르는 또 다른 문제 하나를 완전히 그리고 기꺼이 제쳐두었습니다. 그것은 단체 자체의 자유 문제입니다. 그런데 한 집단이 어떤 특징들로 구별되면, 그 집단이 통합되어 있는 정치체에 대해서 자율과 독립을 요구하는 것은 자명한 일입니다. 이 집단은 억압받는 것처럼 느끼기 때문입니다. 그때 목표로 삼는 자유는 집단적 자유, 총체적인 집단의 자유입니다. 이 것은 내가 이 자리에서 분석하고자 했던 자유, 즉 정치 공동체 안에서의 개인들의 자유가 아닙니다. 고대 그리스에서는 무엇보다 도시국가들의 자유가 가장 중요했습니다. 자유는 전형적으로 집단의 자유, 도시의 자유였습니다. 그리고 오늘날에도 아직 사실상, 내가 제쳐두었던 문제, 즉 집단이나 단체의 자유 문제가 있는데, 그것은 민족과 같은 집단의 자유 문제입니다.

내가 열거한 자유들은 분명히 경험적이고 역사적인 성격이 있습니다. 이 자유들 가운데 일부는 우리 사회 외에 다른 사회들에서는 의미가 없을 것이 분명합니다. 예를 들면, 신석기 시대의 작은 사회에서 자신의 부족을 선택할 권리를 기본권이라고 상상하기는 어렵습니다. 나라를 바꿀 수 없도록 소련 시민들에게 가해진 금지는 우리에게는 언어도단처럼 보이지만, 이런 종류의 금지가 의미조차 없었을 사회는 역사적으로 무수히 많았습니다. 따라서 자신의 나라를 떠나거나 자신의 나라를 선택할, 살기로 작정한 조건들을 선택할 가능성이 있으려면, 각자의 자유로운 활동을 보호하고 심지어 장려도 하는 대체로 우리와 같은 문명이 전제되어야 합니다. 마찬가지로, 주민 전체가 군주제의 원칙을 인정한 사회에서 선거를 통해 통치자를 선택한다는 사상이나 대의제 정부의 사상은 본질적으로 우리와 다른 이런 집단의 구성원들에게는 생겨날 수 없었습니다. 이 모든 것은 물론 보편적 가치가 있는 인권을 추구하거나 모색하는 것을 금지하지는 않습니다. 그러나 이런 보편적 권리들은 너무나 추상적인 성격이 있어서 우리에게 길을 밝혀주거나 우리를 안내할 수 없으므로, 이런 방향 모색이 핵심적이라고 보이지 않습니다. 여기서 요약해서 제안하고 싶은 것은, 내가 하나하나 차례로 언급한 자유들은 아마도 동유럽을 포함한 유럽에서, 우리의 자유들의 핵심이라고 우리가 이해하는 것의 핵심을 거의 망라한다는 것입니다.

철학적 쟁점과 자유의 경험

이로써 두 가지 문제가 제기되는데, 그 문제들은 복잡하지만, 나는 아주 빠르게 그 문제들을 다루어야겠습니다. 우선 이 자유들과 관련해서 정말 결정적이고 정말 본질적인 쟁점은 무엇일까요? 각 진영이 다른 자유들보다 우선시해야 한다고 간주하는 자유들은 무엇일까요? 이 자유들 가운데 어떤 것이 전형적인 자유로 간주될 수 있을까요? 그리고 두 번째 문제는 다음과 같습니다. 내가 분석한 것과 같은 정치적이고 사회적인 자유들과 자유의 철학의 관계는 무엇일까요? 그리고 무엇보다 자유의 정치와 자유의 철학 사이에는 그 어떤 관계라도 있는 것일까요?

첫 번째 문제는 이러한 자유들의 집합에서 본질적인 것이 무엇이냐는 쟁점입니다. 이 자유들 중 무엇이 전형적인 **자유**로 간주될 수 있을까요? 내가 여러분에게 이미 말했지만, 나는 자유를 **단수**로 말하기를 선호하지 않습니다. 전형적인 자유는 다음의 두 가지 방식으로만 정의할 수 있기 때문입니다. 하나는 좋은 사회에 대한 관점을 구축하는 것, 말하자면 다양한 자유들 간에 위계를 설정해서, 우리가 보기에 마땅히 그래야 하는 모습대로 좋은 사회를 규정하는 자유들을 선택하는 것이고, 다른 하나는 더 간단하게 어떤 정치적 이데올로기에 따라 우리 눈에 본질적으로 보이는 자유들을 선택하는 것입니다.

　서구에서는 오래전부터, 말하자면 사회주의가 전개된 후로, 내가 사회적 자유들이라고 부른 것, 즉 시민사회에서의 자유들, 그리고 국가와 관련해서, 더 정확하게는 시민의 정치 생활 참여와 관련해서 정의되는 정치적 자유들의 상대적 중요성에 논의가 집중되었습니다. 이런 이유로, 이를테면 19세기와 특히 20세기를 통틀어서 정치적 자유들의 주창자인 민주주의자들과 사회적 자유들의 주창자인 사회주의자들 사이에 논쟁이 있었습니다. 논쟁은 계속되고 있지만, 적어도 프랑스와 서유럽에서는 논쟁이 그렇게 열정적인 것 같지는 않습니다. 경험 또는 굳이 말하자면 역사가 하나의 교훈을, 준엄한 교훈을 주었기 때문입니다. 마르크스주의에서 또는 마르크스주의의 일부 해석에서 주요 사상을 찾아볼 수 있는데, 즉 어떤 정치 체제이든 그것이 전제적이든 대의제이든 생산수단의 개인적 소유는 부르주아지 독재를 의미한다는 것입니다. 이런 사상은 도처에서 찾아볼 수 있습니다. 이 사상은 프랑스 공산당이 프롤레타리아 독재라는 독트린을 포기했을 때 또다시 논쟁의 대상이 되었습니다. 사실 이 사상은 레닌의 많은 저작에서, 마르크스의 저작들에서는 아주 드물게 몇몇 곳에서, 그리고 오늘날을 예로 들면, 루이 알튀세르(Louis Althusser, 1918~1990: 프랑스의 마르크스주의 철학자 — 옮긴이) 추종자들의 많은 저작에서 찾아볼 수 있습니다. 그것을 다음과 같이 간략하게 요약할 수 있습니다. 즉 시민사회나 경제 활동에서 지배 계급이 필연적으로 있다고 상정하는 순간부터, 그리고 이런 계급 지배를 독재라고 부를 때부터, 이런 사회 구조가 개선되지 않는 한 부르주아지 독재가 있다고 말할 수 있습니다. 그러므로 자본주의 체제에서 사회주의 체제로 이행하기 위해서는 다른 계급이 부르주아지를 대체해서 이런 헤게모니나 독재를 행사해야 합니다. 만일 프롤레타리아 독재 관념을 포기한다면, 그래서 프롤레타리아 독재 국면의 필연성을 단념한다면,

이는 확실히 마르크스주의 또는 마르크스주의의 일부 해석의 고유한 사상, 즉 정치 체제가 어떻든 간에 사회가 한 계급의 독재나 지배에 종속되어 있다는 사상을 간접적으로 포기하는 것입니다.

오늘날 소련의 이데올로기에 따르면, 우선 생산수단의 개인적 소유를 폐지하고 동시에 부르주아지 독재를 제거해서 프롤레타리아 독재로 대체한 후에, 소련은 프롤레타리아 독재가 쓸데없는, 지배 계급이 없는 사회, 그래서 계급이 없는 사회를 건설했습니다. 이 주장의 근거 대부분을 허무는 것이 있는데, 그것은 공산주의 사회들을 단순히 관찰하는 것입니다. 그것만으로도 아주 단순한 다음 두 가지 사실을 확인하는 데 충분합니다. 한편으로, 국가 권력은 혁명 이후에 소수, 즉 당에 의해 행사되었지, 프롤레타리아에 의해 행사된 적이 없습니다. 그리고 다른 한편, 국가를 지배하는 이 소수는 동시에 시민사회에서도 지도력을 행사하고, 시민사회는 대체로 국가 자체와 혼동됩니다. 마찬가지로 개인적 자유들은 축소되거나 침해되거나 제거되는데, 이러한 개인적 자유들은 소위 부르주아 민주주의에 본질적이었고 부르주아 유산에서 필수적인 일부였습니다. 그런데 마르크스나 엥겔스는 이런 부르주아 유산의 제거를 바란 적이 없었습니다. 그들은 부르주아지 독재를 제거하면 동시에 개인적 자유들이 제거되리라고 생각하지 않았습니다. 그러므로 이 이론의 원칙 자체가 잘못되었음을 경험이 가르쳐주는 것 같습니다. 적어도 우리가 현대 문명에서 인식하는 것과 같은 사회에서는 소수의 지도자들이 항상 있습니다. 민주주의 국가들의 시민사회에서는, 그것이 산업에서든 은행에서든 결정적인 영향력을 행사하는, 그리고 이런 의미에서 인간에 대한 인간의 지배를 행사하는 소수가 있음을 우리는 기꺼이 받아들입니다. 그런데 소련 사회에서 잘 알려진 농담 하나를 덧붙여야겠습니다. "사회주의와 자본주의의 차이? 한 경우에는 인간에 의한 인간의 착취이고, 다른 경우에는 그 반대지." 혹은 달리 말하자면, 인간에 의한 인간의 지배는 현재 알려진 모든 사회에 존재합니다. 다만 소수가 이런 권력을 행사하는 양식, 그리고 국가나 이런 권력이 피통치자들에게 줄 수 있는 보장들에 의해 사회들이 구별되는 것입니다.

이 모든 것에서 도출되는 하나의 결론은, 오늘날 자유주의는 유감스럽게도 주로 전체주의의 반대로 정의되는 경향이 있다는 것입니다. 자유주의는 과거에 철학적 독트린들에 기초했습니다. 오늘날 자유주의는 (내가 이 독트린에 책임이 있다고 하므로) 역사적 경험으로 그 유효성이 입증된, 전체주의의 대안으로 주로 소극적이거나 방어적으로, 또는 경우에 따라서는 공격적으로 정당화된다고 나는 생각하는 편입니다. 사실 20세기의 전체주의 체제에서 자유주의는 자유주의가 역사상 싸웠던 적들을 모두 다시 만납니다. 실제로 자유주의는 먼저 종교의 절대주의에 반대하는 것으로 규정되었고, 이제 우리는 이데올로기의 절대주의를 만납니다. 우리 각자가 **자신의** 진리를 추구할 권리를 옹호하고, 이런 점에서 이데올로기의 절대주의에 반대하는 주장은 종교적 절대주의에 반대하는 자유주의적 주장이나 계몽주의에 이어서 등장합니다. 오늘날 우리의 요구는 우리가 투표를 통해 간접적으로 선택하는 국가를 사회 또는 좋은 사회의 진리와 구별하는 것입니다. 자유주의 체제는 자유주의 원칙 그 자체를 문제 삼을 수 있다는 것조차도 받아들입니다. 이런 점에서 우리가 이르게 되는 귀결점은 본래의 자유주의의 극단적인 한 형태입니다. 자유가 안전으로 시작한다고 간주한 몽테스키외와 마찬가지로, 전체주의의 경험으로 이 안전의 가치가 회복된 것 같습니다. 우리가 살고 있는 사회들은 바람직한 자유를 모두 보장하지는 않지만, 우리가 이 세기를 지나면서 알게 된 자유를 박탈하는 극단적인 형태들을 피하게 해줍니다.

　　마지막으로 언급하자면, 자유민주주의 운동의 주요 사상 가운데 하나는 인간의 통치에 헌법의 원칙을 점진적으로 도입하는 것이었습니다. 그리고 오늘날 민주적 절차는 헌법으로 조직되어서 한편으로는 개인들의 통치 참여를 보장하고, 다른 한편으로는 법으로 통치자들의 자의성을 제한합니다. 닉슨 대통령의 행위와 워터게이트 사건에 대해 어떻게 생각하든, 사법권을 통해 대통령을 몰아낼 헌법상의 가능성은 자유주의 사상 본래의 열망 가운데 하나에 부합하는 것이 사실입니다. 닉슨 대통령의 사임은 다른 곳에서는 유례가 없는 헌법의 극단적인 결과를 대표하는데, 그 헌법으로 사법권은 행정권은 물론 입법권보다 우위에 있고, 권력의 행사에서 법적 절차가 그렇게 확보됩니다. 권력의 행사에서 합법성의 보장은 역사에서 예외적으로 드문 것입니다. 이러한 합법성이 우리 체제에서도 항상 유지되지는 않는다는 것을 나는 잘 인식하고 있습니다. 그러나 이러한 이상은 존속하고 있고, 이상이 때로는 효과적이라는 것을 몇몇 사례가 증명합니다.

그렇긴 해도, 논쟁이 종결되어서 우리가 합의에

이르렀다는 생각이 들게 할 의도는 추호도 없습니다.
논쟁은 계속됩니다. 논쟁은 특히 불평등들에 집중되고, 불평등들은 자원이나 기회와 관련되어 있습니다.
자유를 무엇을 할 능력이나 힘으로 정의하려고 하면
할수록, 불평등은 더욱더 받아들일 수 없을 것입니다.
달리 말하자면, 자유와 평등을 점점 더 혼동하는 경향
이 있는 한, 모든 형태의 불평등은 자유를 침해하는
것이 됩니다. 내가 잘못이거나 환상이라고 생각하는
것을 흠잡을 데 없이 표현한 것을 여러분이 보고 싶다
면, 최근에 로베르 바댕테(Robert Badinter, 1928~: 프
랑스 정치가이자 저술가—옮긴이)가 편집해서 출간한 《자
유, 자유들》*을 읽어보기 바랍니다. 거기에는 자유와
평등이 완전히 혼동되어 있습니다. 더 많은 자원, 더

---

* *Liberté, libertés. Réflexions du comité pour une charte des libertés animé par Robert Badinter*, préface de François Mitterrand, Paris, Gallimard, 1976.

많은 수단을 가진 사람들, 사회의 위계에서 상층에 있는 사람들은 다른 사람들보다 더 자유롭다고 저자들은 인정합니다. 자유를 힘으로 정의한다면, 이런 명제는 확실합니다. 그러나 자유의 의미를 엄밀하고 엄격하게 받아들인다면, 즉 자유를 평등권으로 받아들인다면, 권리들의 평등은 불평등한 사회에서는 힘들의 평등으로 해석될 수 없습니다. 모든 사람에게 대학교 입학의 기회를 줄 수는 있지만, 모든 사람이 같은 대학교에 들어가서 똑같이 졸업하게 할 수는 없습니다. 우리 사회에서 개인적인 권리 상황이 악화하고 있다고 판단하는 로제 에레라(Roger Errera, 1933~2014: 프랑스 법률가이자 저술가—옮긴이)의 《방기된 자유들》* 같은 비관적인 책들은 내가 언급하지 않겠습니다. 그 책에는 사실상 우리의 원칙이나 사상을 침해하고 위반하는 많은 사례가 언급되어 있습니다.

---

*   Roger Errera, *Les libertés à l'abandon,* Paris, Seuil, 1978.

사회를 전적으로 거부하는 새로운 사고방식

그런데 내가 오늘 하고 있는 논의, 즉 지금까지 본질적으로 전통적인 틀에 머물러 있는 논의에서 벗어나는 새로운 것이 현재 서구의 사고방식에서 생겨나고 있습니다. 사실 내가 보기에, 현재 젊은 세대에서 가장 성공한 이데올로기 경향 가운데 하나는 권력을 그 자체로 혐오하는 것입니다. 이렇게 우리는 논의의 또 다른 국면 또는 전혀 다른 논의에 이르게 됩니다. 신진 철학자들이라고 불리는 사람들은 소련 체제와 굴라크(소련의 강제노동수용소—옮긴이)를 고발하는 세대이지만, 적어도 현재까지는 자유주의 사회를 받아들이는 데까지는 도달하지 못했습니다. 그들이 근본적으로 거부하는 것은 권력 그 자체입니다. 그들이 발견한 것 또는 발견했다고 믿는 것은 물론 존재하는데, 권력의 연결망 또는 연결망으로서 권력입니다. 권력을 한 사람의 다른 사람에 대한 행동이나 영향으로 정의한다면,

우리는 연결망 속에, 권력의 무수한 연결망 속에 있는 것입니다. 학생은 교수와의 관계로 권력망 속에 있고, 노동자들은 기업의 권력망 속에 있고, 기업의 경영자들은 행정부와 관련해 권력망 속에 있습니다. 사회는 불평등하고 집단적인 활동들을 어느 정도 포함하므로, 사회가 있는 곳에는 분명히 권력이 있습니다. 그러나 권력을 제거하는 것, 그것은 직업 활동에서 경영자 없이 지낼 수 있다고 가정하거나(노동자 자주관리에 거는 기대가 크다고 하더라도 이는 어려워 보입니다) 중앙권력의 쇠퇴를 상정하는 것인데, 후자의 경우에는 탈중앙화 또는 명령하는 집단이나 장소의 다변화를 바라는 것입니다. 마지막으로, 어떤 사상, 즉 이 세대에게 영감을 불어넣는 것으로 보이는 표상 하나에 기대를 걸 수 있습니다. 그것은 공동체로 정의되거나 무정부로 정의되는 어떤 것입니다.

두 관념이 서로 대척점에 놓여 있을까 봐 걱정스럽지만, 예를 들어 로베르 바댕테의 책에서 공동체 사상, 즉 개인들이 공동체 속에서 진정한 자유를 찾는다는 사상에서 어떤 집착을 발견할 수 있습니다. 물론 개인은 상호부조 공동체 속에서 자유를 찾는 것이 가능하고, 경쟁이나 고독 속에서는 그렇지 못합니다. 그러나 긴밀한 공동체는 또한 아주 빠르게 전제적으로 변할 수 있습니다. 마을 공동체가 그 자체로 무정부 상태일지 또는 개인들에게 자유를 보장할지 나는 확신하지 못합니다. 마찬가지로, 노동조합의 힘이 노동조합에 가입하지 않거나 가입하지 않으려고 하는 노동자들의 자유를 항상 보장한다고 나는 확신하지 못합니다. 그러나 오늘날에는 이 방향으로 이행하고 있어서, 우리가 정의하는 바와 같은 자유주의, 즉 자유들과 권력들의 다원주의이자 직업이나 경제 생활에서 권위적 제도를 수반하는 자유주의는 많은 사람에게 억압의 본질로 간주된다는 것을 우리는 인정할 수밖에 없습니다. 마르크스주의나 소비에트주의에서는 좋은 사회의 표상을 찾아볼 수가 없어서 좋은 사회에 대한 연구도 없고, 기존 사회의 전적인 거부만 있을 뿐입니다. 이러한 급진적인 거부는 우리가 잘 아는 것처럼, 평화로운 모습을 취하거나(공동체 생활자들, '히피들') 폭력적인 모습을 취합니다.

정치적 자유와 철학적 자유

─────

이제 마지막 주제인 정치적 자유와 철학적 자유의 관계를 살펴보겠습니다. 나는 지금까지 이 강연을 하는 동안에 자유를 단순하게 의도적인 행동, 즉 선택을 포함하고 있어서 개인에게 하거나 하지 않을 가능성을 전제하는 행동으로 정의했습니다. 그런데 의심할 여지 없이, 철학자들은 자유에 더 풍부하고 더 정확한 의미를 부여합니다. 몽테스키외로 말하자면, 그는 철학자의 자유는 의지의 행사라고 말합니다. 이것이 모든 철학자가 제시할 만한 정의인지 나는 확신하지 못하지만, 철학의 한 주요 전통에 따르면, 진정한 자유는 열정에 대한 이성의 지배 또는 의지의 지배라고 말할 수 있습니다. 자유의 전형은 성찰하는 사고이자 열정을 지배하는 이성이 인도하는 과정일 것입니다. 이런 점에서 볼 때, 일부 자유의 철학은 자유의 정치와 자유의 철학을 어느 정도 혼동할 수 있습니다. 사실 철학과 정치가 합리적인 인간이라는 가정을 받아들일 때, 그 둘은 일치합니다. 그 둘은 인간이 선하다고 반드시 가정하지 않습니다. 대신에 아마 십중팔구 인간은 이기적이고 계산적이며 욕망과 어쩌면 열정도 가지고 있다고 가정합니다. 그러나 자유의 정치는 합리적인 인간을 전제나 조건이 아니라 목표로 받아들여서, 자유로운 사회에 목표가 있다면, 그것은 자유로운 인간의 창조라고 대체로 가정했습니다. 그리고 아무 변덕이나 아무 열정이 아니라 이성에, 시민성을 받아들이게 하는, 즉 사회의 법을 받아들이게 하는 이성에 복종할 때에만 인간은 정말로, 진정으로 자유로울 것이라고 가정했습니다.

　법에 복종하는 사회 속 인간은 정치적인 의미에서 또 철학적인 의미에서도 어떤 면에서는 이미 자유로운 인간입니다. 그는 적어도 민주적인 체제 안에서는 자기 자신에게 복종합니다. 그리고 자기 자신을 최선으로 이끕니다. 그는 법에 복종하면서 자유로운 인간으로서 자아를 실현합니다. 그리고 시민 정신과 도덕이 일치하지 않는다면, 적어도 시민 정신이 도덕의 일부라고 말할 수 있습니다. 그런데 자유로운 사회는 자유로운 인간의 형성을 허용한다는 이런 표상이 우리들 가운데 아직도 지배적인 철학인지 나는 확신하지 못합니다. 칸트는 좋은 사회를 묘사하기 위해서 자유롭고 책임을 지는, 이성의 명령을 따르는 인간을 생각해냈습니다. 그런데 오늘날 대다수 서구 사회에서 자유는 욕망의 해방 속에 자리를 잡고 있다고 생각합니다. 우리는 쾌락주의 사회에 살고 있을 뿐만 아니라—이는 확실합니다—또한 오늘날 적은 국가나 권력이고, 이는 개인적인 욕망들의 적이라고 말할 수 있습니다. 적은 또한 욕망 그 자체인 개인의 자유를 사실상 제한하는 모든 금지와 모든 제도이기도 합니다.

오늘날 파리에서 유행하는 일부 철학을 너무 심각하게 받아들이고 중요하게 간주하는 내가 어쩌면 틀렸을지도 모르겠습니다. 그렇지만 사실상 서구 사회 전체에서 자유로운 사회의 사상, 자유의 사상을 떠올릴 때, 그것은 법에 복종하거나 합리적인 법에 따라 스스로 통치하라고 개인들에게 권유하는 것이 아니라, 오히려 개인들의 개성을 있는 그대로 표출하고 그들의 욕망을 있는 그대로 따르라고 부추기는 것이라고 나는 생각합니다. 확실히 존 스튜어트 밀(John Stuart Mill) 또한 내가 몇 주 전에 여러분에게 설명한 《자유론》*에서, 개인의 생활방식이 충격적이라 하더라도, 다른 사람들에게

---

* John Stuart Mill, *On Liberty*, New York, H. Holt and Company, 1905.

해롭지 않는 한, 사회는 개인들에게 완전한 자유를 부여해야 한다고 말했습니다. 그리고 이런 의미에서 밀은 자유를 주로 가능성으로, 즉 개인이 자신의 방식대로, 원한다면 방탕하게, 바란다면 수전노로, 할 수 있다면 주변 사람들에게 가증스럽게 살 수 있는 정당성으로 파악했습니다. 그런 행위들은 도덕적 비난을 불러일으키겠지만, 공공 권력의 그 어떤 개입도 불러일으키지 않는다는 것이었습니다. 오늘날 자유는 현대 사회에서 현실 원칙의 퇴조와 쾌락 원칙의 해방, **에로스**의 해방으로 정의됩니다. 그 결과 내가 보기에, 자유민주주의 국가들의 도덕적 위기가 생겨났습니다. 사실 모든 체제는 우선 정당성으로, 그런 다음에는 이상으로 정의되어야 합니다. 정당성에 있어서, 현대의 자유민주주의 국가들은 거의 성공했다고 나는 생각합니다. 특히 소련의 경험과 비교해보면, 선거 절차와 개인적 자유는, 정치적 선택과 관계없이 대부분의 프랑스인을 비롯한 서구인들에게 본질적인 것으로 간주되고 있다고 생각합니다. 그러나 현대 민주주의 국가들에서 사람들이 이제는 알지 못하는 것, 그것은 미덕이 어디에 위치하고 있느냐는 것입니다. 그런데 민주주의 이론과 자유주의 이론에는 미덕을 갖춘 시민에 대한 정의 또는 자유로운 사회의 이상에 부합하는 생활방식에 대한 정의와 같은 것이 항상 내포되어 있었습니다.

오늘날의 사회들은 사회 구성원들의 눈에는 정당하게 보이지만, 각자 자신의 목소리를 선택하도록 허용하는 것 외에는 다른 이상이 없습니다. 나는 이런 이상을 공유합니다. 나는 내가 살고 있는 사회를 이렇게 생각하는 방식에 동참합니다. 그러나 역사 속 사회들의 관찰자로서 나는 자문해봅니다. 민주주의 체제에 안정성을 부여하는 것이 가능할까요? 민주주의 체제에서 정당성의 원칙은 선거이고, 이상은 각자가 살면서 기껏해야 자신의 길뿐만 아니라 선과 악에 대한 자신의 개념을 선택할 수 있는 권리 또는 자유인데 말입니다. 고등학교에서든 대학교에서든 오늘날 시민의 의

무를 진지하게 이야기하는 것이 내게는 지극히 어려워 보이는 게 사실입니다. 위험을 무릅쓰고 그렇게 하면 그 누구라도 사라진 세계에 속하는 것처럼 보일 것이라고 나는 생각합니다.

이는 앙드레 말로(André Malraux, 1901~1976: 프랑스 작가이자 정치가—옮긴이)가 다양한 방식으로 여러 번 표명했던 사상입니다. 그와 마찬가지로 나는 오늘날의 사회에 아직도 좋은 사회의 표상이 있는지, 이상적이거나 완전한 인간의 표상이 있는지 확신하지 못합니다. 자유주의의 저변에 흐르는 이런 종류의 회의는 어쩌면 현대 문명 발전의 필연적인 귀결일지도 모릅니다. 우리 사회를 두고 서로 다른 정당성의 원칙을 가진 사람들이 존재하고, 그들이 자신들의 정당성의 원칙과 함께 좋은 사회와 미덕을 갖춘 인간에 대한 자신들의 표상을 가르치려고 시도하기 때문에, 문제를 제기하지 않을 수 없습니다. 그뿐만 아니라 사람들이 다른 곳에서도 맞닥뜨릴 수 있는 이런 식의 세뇌가 정말 성공할지 나는 확신하지 못합니다. 다만 나는 지금 우리에게 제시된 논점에만 집중하도록 하겠습니다.

나는 새로운 연구들을 고려하지 않았습니다. 오늘날 인간 사회에 대해 동물행동학 측면에서, 생물학 측면에서 연구가 이루어지고 있습니다. 그래서 사회의 작동을 더 잘 이해하게 되었습니다. 이 모든 것은 내가 머물렀던 전통적인 논의 너머에 있습니다. 내가 전통적인 논의에 머물렀던 것은 그 후의 연구들을 몰라서가 아니라, 생물학이나 동물행동학 연구들이 아직 확정적이지 않아서, 내가 설명하려고 했던 상황에서 우리가 당분간은 벗어나지 못할 것이기 때문입니다.

자유로운 사회들의 행복한 예외

마지막으로 할 말은 결론은 아니고 부수적인 지적 하나입니다. 따져보면, 내가 말한 이 모든 것이 깊게 적용되는 것은 인류 가운데 적은 일부분에 불과합니다. 자유와 평등의 관계에 대한, 자유 안에서의 평등 요구에 대한 나의 성찰은 서구 사회, 즉 상대적으로 부유하고, 평등 안에서의 자유나 자유 안에서의 평등을 깊게 추구하는 전통이 있는 사회들의 현상에 해당합니다. 그런데 우리 사회가 인류의 아주 적은 부분밖에는 대표하지 않는다는 점을 생각해보면, 나는 이런 논쟁이 아직도 의미가 있고, 이런 철학적 사색이 여전히 우리 사고의 자양분이 된다고 생각하지만, 이 모든 것은 그렇더라도 전형적으로, 어쩌면 명백히 서구적입니다. 아프리카나 아시아 사람들이 내가 제시한 평등의 문제나 내가 논의한 자유의 문제에 무관심하다고 말하려는 것은 전혀 아닙니다. 나는 우리 서구인들이 행하거나 생각하는 것이 국지적이라고 생각하지 않습니다. 그러나 대다수의 다른 나라 국민들에게는 가장 시급한 문제가 아닐 수도 있는 문제들을 특혜 입은 사회들이 초미의 관심사로 다루면서, 특혜 입은 사회의 문제들과 사고들로 다른 국민들과 다른 사회들의 언어와 담론을 결정했다고 할 수 있습니다.

　나는 그 어떤 결론도 내리고 싶지 않습니다. 다만 세계의 대다수 사회들과 비교하면, 우리가 불완전하다고 정정당당하게 비판하는 우리 사회는 오늘날 행복한 예외를 대표한다고 말할 수 있습니다. 우리가 설명하고 비판하는 사회, 질서가 이래야 한다는 논쟁을 끊임없이 치르는 사회, 집단들과 진영들의 평화적이고 조정된 갈등에서 권력이 나오게 하는 사회, 이런 사회들이 역사적으로 예외적인 사회라는 것은 의심할 바 없습니다. 나는 이런 사회들이 사형 선고를 받았다고 결론을 내리지 않습니다. 또한 인류의 나머지 모든 사회가 우리를 모델로 삼아서 그들의 공동 생활을 조직할 소명이 있다는 결론을 내리지도 않습니다. 우리가 자유들 또는 자유를 사랑하는 한, 우리가 역사적으로 드물게, 그리고 공간적으로 드물게 특권을 누리고 있다는 것을 우리는 잊지 말아야 합니다.

해제: 학문으로서 정치, 근심거리로서 정치

레몽 아롱의 저술들은 마치 정치 그 자체 같다. 겉보기에는 접근하기 쉽지만, 최종 심급과 궁극적 목적을 파악하기는 어렵다.

우리는 우리의 열정이 관대하다고 생각하면서, 또한 우리의 의견이 깨어 있다고 생각하면서 정치를 대한다. 이것이 현대 민주주의 국가들의 시민들이 자연스럽게 처신하는 방식이며, 아롱 자신도 이렇게 했거나 이렇게 시작했다. 그는 말년에 이르러 자신의 《회고록》에 '정치적 성찰 50년'이라는 부제를 붙였다. 이 부제가 말하고 싶었던 것은 사실 정치 '교육' 50년일 것이다. 사람들은 완벽하게 깨어 있는 시민이 결코 아니기 때문이다. 사람들은 자신만의 열정과 의견이 있어서 결코 완전히 깨어 있지 못한다. 행동과 말에 있어서 인간의 경험은 항상 뜻밖의 일들이 예비되어 있고, 예기치 못한 문제들을 우리에게 제기하기 때문에, 정치를 이해한다는 것은 그러므로 결코 완성에 이르지 못한 인류의 교육이자 연습이다. 인류가 스스로를 시험하는 무대에서 아롱은 내려올 수 없었기 때문에, 그는 마지막 날까지 지칠 줄 모르고 주의 깊게 정치 생활을 탐구했다.

아롱은 자신이 받은 교육 기간을 스스로 꽤 자세히 떠올렸다.* 그는 유럽 정치가 유럽 문명을 위험에

---

* 아롱의 《회고록(Mémoires)》〔Paris, Julliard, 1983. 츠베탕 토도로프(Tzvetan Todorov, 1939~2017: 불가리아 출신의 프랑스 철학자―옮긴이)의 서문을 수록한 재출간본은 Paris, Robert Laffont, 2003〕 외에도 장루이 미시카(Jean-Louis Missika)·도미니크 볼통(Dominique Wolton)과 대담한 《참여하는 구경꾼(Le spectateur

빠트리기 시작했다고 할 수 있는 시기에 성년을 맞이했다. 유럽 정치는 유럽 문명을 궤멸하기 일보 직전으로 몰아가려 했다. 그가 받았던 초기 교육은 아직 진보에 신뢰를 보냈고, 사회와 문화의 진보는 기득권 못지않게 자명한 사실로 보였다. 프랑스를 지배한 지적 분야들에서는 심지어 제1차 세계대전 후에도 각 분야의 방식대로 이런 신뢰를 사회운동과 인간 정신 운동으로 표출했다. 아롱은 사랑과 존경을 받는 연장자들에 반대해 자신의 길을 찾아야 했다. 알랭〔Alain, 1868~1951: 본명이 에밀오귀스트 사르티에(Émile-Auguste Chartier)인 프랑스의 작가이자 철학자—옮긴이〕의 무정치적 평화주의에 반대해, 레옹 브룅스비크(Léon Brunschvicg, 1869~1944: 프랑스 철학자—옮긴이)의 이상주의적 진보주의에 반대해, 그는 인간의 운명이 정치를 다루는 인간의 방

---

engagé)》(Paris, Julliard, 1981. 재출간본은 Paris, Fallois, 2004) 참조. 〔한글판: 박정자 옮김, 《자유주의자 레이몽 아롱》(기파랑, 2021)〕

식에 얼마나 좌우되는지를 고뇌하면서 점점 더 예리하게 파고들었다. 정신적인 면을 포함해서, 또는 무엇보다 먼저 정신적으로 이전의 삶을 되찾는 데 몰두한 많은 프랑스인의 확신을 제1차 세계대전이 충분히 뒤흔들어놓지 못했던 반면에, 라인강 저편(독일)에서 일어나고 있던 것에 아롱은 아주 빠르게 관심을 두었고, 그의 생애를 사로잡게 될 연구가 시작되었다.

많은 의미에서 그리고 그 자신이 말한 것처럼, 독일은 아롱의 운명이었다. 1930년에서 1933년 사이에 그는 독일에서 두 번이나 오래 체류했는데, 먼저 쾰른이었고, 그다음은 베를린이었다. 그는 자신이 사랑해 마지않는 이 독일이 유럽 생활의 기본 원칙들을 거부하는 것을 목격했다. 그는 쾰른에 도착하자마자, 역사가 최악으로 치닫고 있다는 충격적인 느낌을 받았다. 그렇지만 급전직하하는 사건들에 지적으로 맞서도록 할 이론적 도구들을 그가 찾은 것도 독일에서였다. 막스 베버(Max Weber)는 아롱의 이러한 첫 원숙기의 주인공이었다. 그는 아롱에게 지칠 줄 모르는 호기심, 아주 다양한 정신세계들을 통찰할 수 있는 역량, 엄격한 인과적 설명에 대한 고민을 제공했다. 또한 당대의 프랑스 사회학자들 대부분에게 대단히 많이 부족했던 것, 즉 갈등과 드라마 그리고 인간에게 흔히 일어나는 비극에 대한 감각도 제공했다. 더 절제된 정신이나 더 침착한 마음이 있으면 양립성이나 적어도 통제할 수 있는 긴장을 식별해낼 수 있을 곳에서도, 대립을 극한으로 몰고 가고 종종 모순을 보는 베버의 방식에 있던 무절제하고 신중하지 못했던 것을 아롱은 나중에 수정하게 된다. 예를 들면, 베버의 놀라운 본보기에 따르면 보들레르의 《악의 꽃》이 비도덕적이기 **때문에** 아름답다는 것을 아롱은 나중에 의심하게 된다.* 아무튼

---

* 　막스 베버의 저작 《지식인과 정치인》에 쓴 레몽 아롱의 서문 참조. Max Weber, *Le savant et le politique*, trad. Julien Freund, Paris, Plon (coll. "Recherches en sciences humaines"), 1959, p. 52. 《지식인과 정치인》은 베버의 《직업으로서 학문》과 《직업으로서 정치》를 쥘

1930년대에 아롱은 또한 독일 사회학에서 지적 장치와 어떤 점에서는 '슈티뭉(Stimmung: 기분 또는 분위기를 뜻하는 독일어―옮긴이)'을 찾았고, 이렇게 그는 암흑기를 통과했다.

아롱이 받은 프랑스와 독일의 교육이 종합적인 성과를 본 것은 제2차 세계대전 전의 짧은 시기였다. 그는 1938년에 〈역사철학 입문. 역사적 객관성의 한계에 대한 시론(Introduction à la philosophie de l'histoire. Essai sur les limites de l'objectivité historique)〉으로 철학 박사학위 논문 심사를 받았다. 인간의 '역사적 조건'에 대한 이 치밀한 연구를 여기서 설명하는 것은 논외의 일이다. 다만 아롱이 이 연구에서 시간의 존재와 경험 그리고 시간 인식의 다양한 양식을 두루 살폈다는 것만 말해두자. 자신의 인식에서 타인의 인식까지 다양

리앙 프로인트가 프랑스어로 번역하고 아롱이 서문을 써서 한 권으로 펴낸 책―옮긴이)

한 정신세계 속에서 개인이 처해 있는 관점의 복수성
이 행위자이면서 방관자가, 평범한 사람이면서 역사가
가 되도록 개인에게 제시된다는 것이다. 아롱이 한편으
로는 결정론적 진화론을, 다른 한편으로는 역사적 상
대주의를 격렬하게 비판한 것은 바로 이러한 인간 역
사성의 복수적 여건에 충실했기 때문이라는 점을 특히
언급할 필요가 있다. 결정론적 진화론과 역사적 상대주
의는 서로 대립하는 전략이지만, 또한 두 전략 모두 인
간 및 인간의 특수한 비극이 지닌 역사적 조건의 고유
한 성격, 바로 인간이 시간의 지배자도 노리개도 아니
라는 성격을 중화하거나 제거하기 때문에 치명적인 전
략이기도 했다. 긴 연구 끝에 아롱은 불안한 상태로 남
았고, 우리도 그렇게 두었다. 인간의 조건만큼이나 '역
사적인' 아롱은 역사 속 인간의 조건을 결정할지도 모
를 **다른 것**에서 철학이 도출되게 하기를 거부했다. 그
가 보기에 역사는 결코 철학의 대체물이 될 수 없었다.
아롱은 교육 보고서라고 할 박사학위 논문을 끝내고,

인간의 드라마로 인해 곤혹스러운 철학자의 당혹스러운 지점에 시선이 머물게 된다. "역사철학의 가능성은 역사에도 불구하고 결국 철학의 가능성과 혼동된다."[*]

아롱이 아롱이 된 것은 그다음 해였다. "평화와 전쟁 사이에서, 우리가 아는 과도기 체제에서", 1939년 6월 17일, 아롱은 프랑스 철학회에서 〈민주주의 국가와 전체주의 국가〉를 발표했다. 이것은 전쟁 직전의 유럽 상황에 대한 통찰력 있고, 단호하고, 절제되어 있지만 신랄하기까지 한 정치적 분석이었다. 그 어떤 진영의 마음에라도 들게 하려는 말은 단 한 마디도 없었고, 자기 자신에게 도취하는 음절은 단 하나도 없었다. 아롱이 독해한 파레토(V. Pareto)와 베버가 전체주의 체제와 민주주의 체제 각각의 본질을 구성하는 것

---

[*]   *Introduction à la philosophie de l'histoire. Essai sur les limites de l'objectivité historique* (1938), Paris, Gallimard (coll. "Bibliothèque des histoire"), 1967, p. 401.

을 이해하는 데 동원되었다. 그것은 행동의 절박함으로 왜곡되지는 않았지만, 그래도 특히 임박한 행동에서 중요한 것을 염두에 둔 이해였다. 강연에서 호소한 비르투(virtù)에 대한 이러한 요청은 몇 년 후에 아롱이 약간은 반어적으로 자신의 "온건한 마키아벨리즘"이라고 부르게 될 것의 본보기가 되었다.

20세기의 전체주의 체제는, 잘못된 사상이 있다면 그것은 사물의 관리가 인간의 통치를 대체하는 사상이라는 것을 증명했다. 모든 것을 관리하기를 원한다면, 동시에 모든 사람을 통치해야 한다는 것이 백일하에 드러난 것이다.

둘째, 민주주의 체제가 살아남기 위해 필요한 조건은 파렴치하지도 비열하지도 않아서 노골적인 마키아벨리즘에 빠지지 않고도 정치적 용기를 지닌 지도층 엘리트를 복원하는 것이다. 그러므로 스스로 신뢰하고 자신의 임무를 아는 지도층 엘리트가 있어야 한다.

마지막으로, 이것이 가장 어려운데, 최소한의 신념 또는 최소한의 공동 의지를 민주주의 체제에서 복원해야 한다.[*]

이 책에 실린 미출간 텍스트는 레몽 아롱의 경력에서 또 다른 극단에 속한다. 이 텍스트는 1978년 4월 4일, 콜레주 드 프랑스에서 한 그의 마지막 강연이다. 물론 이때는 그 40년 전에 아롱이 프랑스 철학회에서 발언했을 때 지배적이던 상황과는 아주 달랐다. 동시에 그는 마지막 강연에서, 평생 그를 떠난 적이 없고, 생애 내내 사고와 행동의 원동력이었던 그 시민적 우려를

---

[*]   〈민주주의 국가와 전체주의 국가(États démocratiques et États totalitaires)〉. 1939년 6월 17일 프랑스 철학회에서 발표하고 다음에 게재. *Bulletin de la Société française de philosophie* (n° 2, 1946). 니콜라 바브레(Nicolas Baverez)가 편집하고 서문을 쓴, Raymond Aron, *Penser la liberté, penser la démocratie,* Paris, Gallimard (coll. "Quarto"), 2005, pp. 69-70.

호소했다. 또한 그는 아주 드물게 사용했지만, 자신의 근심을 지적하기 위해서는 지나칠 수 없는 그 단어 **미덕**(vertu)도 호소했다.

그러나 현대 민주주의 국가들에서 사람들이 이제는 알지 못하는 것, 그것은 미덕이 어디에 위치하고 있느냐는 것입니다. 그런데 민주주의 이론과 자유주의 이론에는 미덕을 갖춘 시민에 대한 정의 또는 자유로운 사회의 이상에 부합하는 생활방식에 대한 정의와 같은 것이 항상 내포되어 있었습니다.[*]

오늘날의 독자들이 '자유주의자 아롱'에 공감하든 아니든, 그들을 놀라게 하는 점이 바로 여기에 있다. 사실 오늘날 자유주의와 심지어 민주주의에 대한 우리의 표상은 '절차'에 대한 형식적인 관념에 지배되고

---

[*]   이 책 48쪽 참조.

있다. 그것이 시장의 절차이든 권리 보장의 절차이든, 절차는 그 자체로 의미가 있을 수 있고, 사회 구성원들이나 시민들의 성향과 관계없이 효력을 발생시킬 수 있다. 근본적인 의미에서 행동은, 엄밀히 말하자면 얼마나 용감한지, 공정한지, 신중한지 등 주요 미덕의 정도에 따라 평가될 수 있고, 평가되어야 하는 행동은 이제 우리들 사이에서는 전혀 찾아볼 수 없다. 우리에게 요구되는 유일한 미덕은 필수적이라고 할 만큼 우리의 이해관계를 충족시키고 우리의 권리를 보장할 규칙을 적용하는 것이기 때문이다. 최근까지도 우리는 소비자와 시민을, 또는 생산자와 시민을 대립적으로 보았다. '시민 소비자'나 '시민 기업'을 아주 기꺼이 말하게 되면서, 우리는 시민 생활의 정신을 얼마나 잃어버렸는지 여실히 드러내고 있다. 아롱의 생애와 성찰은 전혀 다른 분위기에서 전개되었다. 몇 년 전부터 유럽의 민주주의에 감돌았던 우려는 어쩌면 경제 위기와 금융 위기에만 기인하는 것이 아니라, 시민 생활의 실질적인 상실에도 기인하고, 이는 우리의 전적인 주의를 촉구하고 있다. 아롱의 우려는 우리의 교육에 기여할 수 있다.

우리의 정치적 우려는 많은 부분 우리의 지적 당혹감에 기인하고, 이런 당혹감은 '자유주의' 개념을 둘러싼 혼동에서 주로 유래한다. 오랜 기간 레몽 아롱은 베르트랑 드 주브넬(Bertrand de Jouvenel, 1903~1987: 프랑스 철학자이자 미래학자—옮긴이)과 함께 프랑스 자유주의를 대표하는 주요 인물이었다. 동시에 자유주의 그 자체, 즉 독트린으로서 자유주의이자 계획으로서 자유주의는 그의 성찰에 거의 아무런 주제도 제공하지 못했음을 인정할 필요가 있다. 자유주의는 그의 성향에 대해 알려주었고, 그에게는 지향점이 되는 요소들을 제공했지만, 아롱의 접근법을 어떤 자유주의 독트린 하나를 적용하려는 의도로 특징지을 수는 없다. 그는 정치를 다양한 형태와 체제에 따라 그 자체로 연구하려고 애썼다고 말하는 편이 더욱 정확할 것이다. 물론 그가 보기에는, 수 세기에 걸친 근대의 경험으로 자유주의 **정치**가 합리성의 최고 기회를, 더 넓게는 선택되어 마땅한 인간 생활의 바탕을 제공하는 최고 기회를 제시했다는 것이 확실해지고 있었기 때문이다. 그에게 자유주의는 속성일 수는 있어도 실체일 수는 없다고 나는 생각한다. 그런데 자유주의에 대한 이런 폭넓은 의미, 즉 정치적 의미는 자유주의의 적들과 체계적인 자유주의 이론가들의 영향이 합쳐져, 그중에서도 카를 슈미트(Carl Schmitt, 1888~1985: 나치에 협력한 독일의 법학자이자 정치학자—옮긴이)와 프리드리히 하이에크(Friedrich Hayek, 1899~1992: 오스트리아 출신 영국의 경제학자로 신자유주의의 아버지로 불린다—옮긴이)의 영향이 합쳐져 한때 모호해졌다. 슈미트는 "자유주의 정치는 그 자체로는 없다. 정치에 대한 자유로운 **비판**이 있을 뿐이다"라는 유명한 선언을 남겼다.* 하이에크로 말

---

*   Carl Schmitt, *La notion de politique. Théorie du partisan*,

하자면, 그가 "자생적 질서"라고 부르는 것에 대해 인상적인 이론을 개발했는데, 이 질서는 인간의 의도가 아니라 행위에서 초래된다는 것이다. 여기서 질서는 하나의 행위체계로 등장하고, 시장은 그 전형을 제공하는데, 행위체계는 그 바탕에 고유한 정치적인 것이 없고, 심지어 정치를 불필요하게 만들기도 해서, 정치가 할 수 있는 최선은 이 행위체계를 정중하게 보존하는 일이다.[*] 그런데 아롱이 자신의 정치적 자유주의, 더 정확하게 말해서 자신의 자유주의 정치의 특색을 가장 명확하게 드러낸 것은 하이에크의 가장 체계적인 저술인 《자유헌정론(The Constitution of Liberty)》에 대

---

trad. Marie-Louise Steinhauser, préf. Julien Freund, Paris, Calmann-Lévy (coll. "Liberté de l'esprit"), 1972, p. 117 참조. 〔한글판: 김효전·정태호 옮김, 《정치적인 것의 개념》(살림, 2012)〕

[*]   최근에 발간된 Edwige Kacenelenbogen, *Le nouvel idéal politique*, avant-propos Pierre Manent, Paris, Éditions de l'EHESS (coll. "En temps et lieux"), 2013 참조.

한 시론, 그것도 매우 경탄할 만한 시론에서였다.* 하이에크의 자유주의와 대조해서 볼 때 아롱의 정치사상은 가장 선명한 모습을 내보인다.

아롱의 지적 특성과 그의 자유주의 정치의 진수는 다음 문장들에서 완벽하게 드러난다.

자유로운 사회의 목적은 인간에 의한 인간의 통치를 될 수 있는 한 제한하고, 법에 의한 인간의 통치를 늘리는 것이 되어야 한다. 이러한 것이 하이에크가 구상하는 것과 같은 자유주의의 근본 명령임이 틀림없다. 개인적으로 나는 이런 이상을 공유한다고 할 수 있다. 그러므로 내가 설정할 유보 조건들은 그 근본에 가치들에 대한 다른 위계가 아니라 몇몇 사실에 대한 고려가 있다

* "La définition libérale de la liberté" (1961), dans *Les sociétés modernes*, éd. et intr. Serge Paugam, Paris, Puf (coll. "Quadrige"), 2006, pp. 627-646.

고 할 수 있다.[*]

"몇몇 사실" 중에는 "인간 집단들"의 복수성이 있고, 따라서 집단들의 관계를 지휘할 필요성, 즉 "법칙이 아니라 인간의 작품일 뿐인 대외 정치를 지휘"할 필요가 있다. 그런데 "대부분의 자유주의자처럼 하이에크는 대외 정치를 다루지 않는다. 잠정적으로 세계 국가는 개인의 자유에 위험하다고 보면서, 그는 이런 조건에서는 다수의 국가와 다수의 잠재적인 전쟁에 적응하는 것이 낫다고 지나가는 투로 지적하는 데 그치고 만다."[**] 대외 정치 문제와 더 일반적으로는 정치체가 복수라는 사실에 대한 교조적인 자유주의자들의 이러한 무관심이 오늘날 널리 공유되고 있지만, 과거의 유산으로 물려받은 분할과 국경의 존재에도 불구하고 인류의

---

[*]   Ibid., p. 638.

[**]   Ibid.

통일은 거역할 수 없이 실현되는 중이라는 것이 유럽에서 지배적인 명제라는 점을 우리는 이 기회에 지적할 수 있다. '극단적 자유주의'는 많은 사람에게 거부되고 있지만, 그 궁극적 전망은 대부분이 공유하고 있다. 즉 인류는 세계적인 행위체계에 따라서 자생적으로 조직되는 길로 나아가고 있으며, 세계적인 행위체계의 조화를 위협하는 것은, 납득할 수는 없지만 자신들의 존재를 끈질기게 지속하려는 낡은 국가들과 오래된 종교들의 완고함뿐이라는 것이다. 아롱은 당대 정치에 대한 그의 방대한 논평의 거의 절반을 전략 문제와 국제정치 문제에 할애했다. 오귀스트 콩트(Auguste Comte)를 주의 깊게 읽은 아롱은 보편사가 된 역사에서 인류의 역동적인 통일로 인도하는 **과정**의 힘을 헤아려 보면서도, 이질적인 정치 단체와 종교 단체의 공존에 언제나 수반되는 **드라마**가 항상 되풀이될 가능성을 예의 주시했다.*

---

*   "사람들을 서로 가장 잘 갈라놓는 것은 그들 각자가 신성하다고

우리의 정치적 조건인 주요한 일부 사실들 앞에서 하이에크가 눈을 감거나 무관심한 것은 궁극적으로 아주 단순하지만 강력하게 퍼져 있는 잘못된 추론에 기인한다고 할 수 있다. 하이에크는 문제가 되는 것을 당연하게 여긴다. 즉 그는 기껏해야 도착점일 수밖에 없는 것을 출발점으로 삼는다. 더 정확하게 말하자면, 개인 주체들의 자유로운 행동에서 자생적 질서가 생기는 것을 증명하기 위해서, 그는 그런 주체들을 미리 설정하고, 그들이 공동 규칙을 준수하는 가운데 자신들의 권리와 재능을 행사할 수 있으리라고 전제한

여기는 것이다. 개종하지 않는 이교도나 유대인은 기독교도에게는 하나의 도전이다. 구원의 종교에서 신을 모르는 사람은 우리의 닮은꼴인가, 아니면 우리와는 공통점이 하나도 있을 수 없는 이방인인가? 그런 사람과 함께 우리는 정신적 공동체를 건설해야 할 것인데, 연대보다는 다툼을 더 잘 아는 인류에게 역사적 운명에 의해 부과된 통일이자 과학과 기술과 경제의 통일이 창출해낼 물질적 공동체의 상부구조 또는 기초가 그 정신적 공동체이다." "L'aube de l'histoire universelle" (1960), *Penser la liberté, penser la démocratie,* op. cit., pp. 1806-1807.

다. 그러나 그런 주체들은 아무렇게나 등장하지 않는
다! 아롱은 좀 더 길게 언급한다.

> 각자가 자신의 신이나 가치를 선택할 수 있는 사회의
> 이상은 개인들이 집단 생활을 하도록 훈련되기 전에는
> 확산될 수 없다. 하이에크의 철학은 과거의 철학자들이
> 정치적 행동의 근본 목표로 간주했던 결과들을 본래 당
> 연하다고 가정한다. 각자에게 결정과 선택의 사적인 영
> 역을 남겨주기 위해서는 모두 또는 대다수가 같이 살기
> 를 원하고, 동일한 사고 체계를 진실로, 동일한 정당성
> 양식을 유효한 것으로 인정해야 한다. 사회는 자유로울
> 수 있기 전에, 자유로워야 한다.[*]

정치적 자산은 생산하기 어렵고, 무엇보다 우선
요구되어야 한다는 아롱의 이러한 확신은, 유럽인의 시

---

[*]   "La définition libérale de la liberté", art. cité, p. 642.

민성이 기본적으로 이미 존재하므로 획득하기가 용이하다는 주장에 대한 아주 두드러진 회의론의 근거가 되었다. 적실성을 전혀 잃지 않은, 또는 오늘날 적실성이 더욱 높아진 1974년의 한 논문에서 아롱은 그렇게도 자주 되풀이되는 주장을 꺼내 들었다. 그 주장에 따르면, "유럽인들은 과거와 밀접한 삶을 아직도 살고 있다고 상상하면서 다 같이 같은 삶을 살고 있기" 때문에, "의식하지 않고도 유럽인이 된다"는 것이다.* 그는 모세관 작용처럼 유럽 시민들을 길러낼 이런 종류의 시민 교육에 거의 믿음을 보이지 않았다. 그는 유럽에 확실하게 우호적인 의견의 취약성을 강조했다. 그것은 정치적 효과를 전혀 약속하지 않는 수동적 방식에 따라, 유럽의 정치적 상황을 파악할 수 없어서 다른 한편으로는 화가 나거나 의기소침한 의견이기 때

---

* 　　"Une citoyenneté multinationale est-elle possible?", dans *Les sociétés modernes*, op. cit., p. 791.

문이다. 더욱 급진적으로, 그리고 사람들이 틀림없이 "(그의) 분석이 고전적 아니면 시대착오적"이라고 비난할 것을 예견하고서, 그는 특수하고, 환원되지 않고, 어렵고, 까다로운 것이 시민성 안에 있고, 그러한 시민성은 분열된 인류를 조금도 포함하지 않는다고 강조했다.

그러므로 역사는 인권과 시민권의 차별을 확인했다. 〈인간과 시민의 권리 선언〉이 나열한 권리들은 한편으로는 인간 그 자체에, 다른 한편으로는 시민에, 그러므로 정치 공동체의 구성원에 속한다(또는 속해야 할 것이다). 정치 공동체라는 용어로 내가 의도하는 바는, 어떤 영토 안에서 공동체가 개인들에게 부과하는 의무의 반대급부로 개인들에게 인정된 권리의 존중도 부과할 수 있는 공동체이다.

사실, 자신의 정치 공동체를 상실한 경험이 있는 사람은 누구라도 (일시적일지라도) 고독의 실존적인 고뇌를 느껴보았을 것이다. 개인이 그 어떤 정치 공동체에도 속하지 않을 때, 위기의 시기 동안 그 개인의 인권에서 사실상 남는 것은 무엇인가?*

예견한 비난에 대한 아롱의 반쯤 냉소적인 지적에 자극을 받아서, 우리는 그의 지적을 디딤돌 삼아 다음과 같은 견해를 이어갈 수 있다. 즉 아롱은 고전적인 **자유주의자**라기보다는 자유주의자의 **고전**이다. 아롱이 고전인가? 플라톤의 대화편보다는 국립통계경제연구소(INSEE)의 그날의 지수를 언급하면서, "우리가 잃어버린 세계"에 대한 향수를 일말의 흔적도 남기지 않고, 경제·행정·교육 및 프랑스인의 생활양식 전반의 현대화를 항상 장려한 그는 오히려 아주, 심지어 너무 두드러진 **현대인**이 아닌가? 이 모든 것은 사실이지만, 정확하게 말하자면, 그는 그리스 도시국가에 대해

---

*   Ibid., p. 794.

서 더욱이 "신앙의 시대"에 대해서 향수를 느끼지 않는 한편, 진보나 '근대성'에 과도한 희망을 품지도 않았다. 그래서 인간적인 것의 접근에서, 그리고 우리를 "휩쓸어가 버리기"가 항상 쉬운 특별히 정치적인 것의 접근에서 이런 정서의 통제, 이런 절제 때문에 그에게 고전이라는 수식어를 붙일 만하다. 여기서 말하는 고전이라는 수식어는 특별히 감탄할 만한 업적이나 시대가 아니라 무엇보다도 주로 내가 한계의 의연한 수용이라고 부르는 것에 해당한다. 그것은 인간의 삶이 전개되는 한계이고, 그 한계 안에서 인간의 삶에서 이룰 수 있는 성취를 모두 찾아야 한다. 자유주의와 일반적으로는 현대의 발명이나 도구들이, 인간의 운명에 가져다주는 가시적인 개선에 대해서 우리의 승인이나 지지를 요청하고 또한 그런 승인이나 지지를 받을 만한 자격이 있는 것은 이러한 한계 때문이다.

이 고전주의는 아롱이 정치학적·사회학적 탐구를 수행한 방식에서, 그리고 우리가 출간하는 콜레주 드 프랑스 강연에서 사람들이 하나의 본보기를 찾는 방식에서 특별히 잘 드러난다. 아롱은, 존 로크(John Locke)처럼 자신의 권리와 함께 동시에 자연상태에서 자신의 필요를 발견하는 고독한 개인에서 출발해서, 이런 권리를 보장하고 이런 필요의 충족을 촉진할 수 있는 정치적 도구인 주권적인 대의제 국가를 관념적으로 구상하는 자유주의 이론가들의 방식을 따르지 않는다. 아롱은 철학자로서 넓은 의미에서 칸트학파에 속한다고 종종 거론되었고, 그 자신도 이렇게 비치는 데 거부감을 갖지 않았다. 이 점에 관해서 기껏 말할 수 있는 것은, 그런 경우는 극히 드물지만, 자신의 관점 또는 궁극적인 전망일 것이라는 묘사를 받아들일 때, 그는 사람들 각자가 다른 사람들에게 단지 수단이 아니라 목적이 되는 인간에 대한 일종의 '목적의 지배'를 '조절 사고(idée régulatrice)'로 기꺼이 언급한다는 것이다. 그러나 정확하게 말하자면, 이성에 대한 이러한 사고는 정당하면서 또한 고무적일 수도 있지만, 정치적 분별력의 분석과 선택을 결정하는 데 아무런 도움이 되지 못하는데, 아롱의 입장이 항상 본격적으로 드러난 것은 정치적 분별력의 이런 측면이었다. 제대로 말하자면, 자연상태라는 전제조건이 없어도, 더 나은 체제라는 전제조건이 없어도, 이성에 대한 사고라는 전제조건이 없어도 아롱은 데카르트의 말을 빌리자면, 역사가 그에게 건네는 '손길'을 받아들였고, 정치 생활의 실질적이고 현존하는 조건들 한가운데에 자신의 감시초소를 설치했다. 철학의 역사에서 참고가 되는 인물이 그에게 있다면, 아리스토텔레스밖에 없다. 정치학의 아버지이자 스승인 아리스토텔레스는 현실을 면밀하게 분석해서 '최고로 가능한 것'을 포함해, 가능한 것들을 또한 현실에서 식별해냈다.

그러므로 아리스토텔레스처럼 아롱에게는 존재하는 것에서 출발하는 것이 중요했다. 이는 세상에서 가장 쉬운 것처럼 보이는데, 그렇지 않은가? 그런데 **우리**는 정반대로 하면서 시작한다. 즉 우리는 먼저 판단하는데, 말하자면 우리는 대체로 우리가 속해 있는 기존의 체제와 사회를 과거의 영광이나 미래 체제의 이름으로 극명하게 단죄하거나, 체제의 특징들 가운데 우리 마음에 드는 것은 선택하면서, 부차적인 것은 '이데올로기' 지옥으로 보내버린다. 그리고 우리에게는 좋은 자유와 나쁜 자유, 좋은 평등과 나쁜 평등 등등을 엄격히 나누는 각자 자신만의 메스가 있다. 판단이 우리가 해야 하는 일인 것은 맞지만, 진영들의 말을 듣고 난 후에야 그렇게 하자. 시작하면서부터 세상이 틀렸다고 결정하지 않도록 하자. 세상은 모호하고 이는 사실이지만, 우리의 명확한 관념이 어쩌면 너무나 모호한지도 모른다. 존재하는 것에서 출발하는 것은 그러므로 지배적인 의견을 중요시하는 것인데, 이는 지배적인 의견에 순순히 동조하자는 것이 아니라, 거기서 나아갈 방향의 기본 요소들을 찾자는 것이다. 이런 요소들이 없다면, 우리는 열광하며 선택한 관념의 잘못된 명확성을 세상의 혼돈과 대립시키는 것밖에는 못 할 것이다. 아롱이 엄격하고 세심하게 했던 것이 이런 방식이었고, 그의 엄격과 세심은 종종 전혀 다른 이름으로 불렸다. 이상을 향해 스스로 올라가거나 진정한 자유나 평등을 단칼에 정리하기에는 너무 우유부단하다고 여겨지는 인물의 방식에는 '현실주의', '절충주의', '보수주의'라는 이름표가 붙여졌다. 사실 좌파뿐만 아니라 자유주의자든 아니든 우파 대부분의 분개나 아쉬움에도 아롱은 현대 사회와 현대 체제의 중요한 특징들을 **인정**했다. 자본주의뿐만 아니라 복지국가도, 그가 가장 실질적이라고 판단한 형식적 자유들뿐만 아니라 앞에서 살펴본 사회적 권리들도 그는 자유로 간주했다. 그래서 그는 모든 진영으로부터 환심을 사지 못했다. 아롱이 선택할 수 없었던 것은 아니었다. 그가 헤아려 본 것은 현대 정치의 기초를 이루는 관념들의, 그리고 무엇보다 자유와 평등 관념들의 모호함, 즉 다면성이었다.

존재하는 것에서 출발하기, 그것은 아롱에게는 아리스토텔레스처럼 해당 사회에서 권위를 누리는 '의견들'에서 출발하는 것이었다. 여기서 자유와 평등에 대한 '의견들'에서 출발한다는 것은 철학이나 학문에 의해서 다듬어진 것으로서의 '관념'이 아니라, 인간의 평가와 행동의 방향을 정하는 것으로서의 '관념'에서 출발한다는 것이다. 예를 들면, 이 책에 실린 강연의 서두에서 아롱은 1789년의 〈인간과 시민의 권리 선언〉 4조, "자유는 다른 사람에게 해롭지 않은 모든 것을 할 수 있는 데 있다"는 유명한 조항을 고찰한다. 그는 다음과 같이 놀랍고, 처음에는 실망스러운 해설을 남긴다. "이 문구는 한편으로는 자명하고, 다른 한편으로는 거의 의미가 없습니다." 그가 완벽하게 근거를 갖추고 있다는 것을 우리가 확인할 때까지 이 해설은 사람들을 곤혹스럽게 만든다. 자명하고 동시에 의미가 거의 없다는 것은 맞다. 그리고 철학 박사학위 논문은 물론 증거와 관련이 없지만, 대체로 자명하지도 않고,

의미가 없지도 않다! 자유는 새롭게 결정해야 할 대상이고, 새로운 의미가 과거의 의미를 소멸시키지 않고 거기에 추가되고, 개인의 자유가 시민과 도덕적 인간의 자유들에 추가된다. 그리고 이러한 새로운 결정으로 사회적·도덕적·정치적 장치에 전례 없는 불확정성이 파고든다. 이 모든 것의 결과는 무엇인가? 우선 가능한 한 가장 편파적이지 않은 묘사, 그리고 아롱이 이 강연에서 시도한 것과 같은 분석만이 그 결과를 분명하게 밝힐 수 있다.

여기서 언급한 아리스토텔레스는 장식용이 아니다. 이런 언급은, 가치 판단을 거부하는 것이 아니라 요청하는 정치학과 사회과학을 기준으로 삼는다는 뜻이다. 진영들의 말을 들은 후에야 개입하는 판단은, 이미 말했지만, 절제하며 편파적이지 않은 정신 속에 깃든 판단이고, 내가 또한 말했듯이, 이러한 판단이 없다면 학문은 물론 삶도 가능하지 않다. 이미 살펴보았듯이, 베버가 아롱의 초기 원숙기에 천명된 주인공이었다면, 아롱이 사회학과 정치학 탐구를 본격적으로 시작하자 아리스토텔레스는 그의 탐구에서 은밀한 동반자였다. 베버는 아롱의 생애와 학문 계획을 강력하게 고무했지만, 계획의 실현에 있어서 아롱은 베버보다는 아리스토텔레스의 정신을 더 많이 따랐다.

그뿐만 아니라, 베버의 비합리주의에 있던 과도했던 것의 포기가 암묵적인 채로 있지 않았다. 내가 이미 암시했듯이, 아롱은 《지식인과 정치인》의 서문에서 베버의 "전투적이고 비장한" 시각을 우호적이지만 단호하게 배격했다. 다음을 인용하는 것으로 충분할 것이다.

그의 선택이 무엇이든, 〔철학자는〕 "신들의 전쟁"을 알아채지 못할 것이다. 철학자가 유토피아를 신봉한다면, 화해의 희망을 간직한다. 그가 현명하다면, 그래서 다른 사람들의 현명하지 못함을 못내 감수한다면, 자신과 몰상식한 사람들 사이의, 사색하는 사람들과 싸우는 사람들 사이의 진정될 수 없는 분쟁을 그가 왜 보게 될 것인가? 영웅은 성자를 무시하지도 경멸하지도 않는다. 그는 비굴하게 다른 뺨을 내놓는 사람을 경멸하지, 탁월한 용기로 다른 뺨을 내놓는 사람을 경멸하지 않는다.

막스 베버는 왜 그렇게 올림포스의 분쟁이 진정될 수 없다고 확신했을까? 분쟁이 그 자신에 내재해 있었기 때문이고, 또한 그러한 분쟁은 사회학에서 특권적인 연구 대상이기 때문이다. 합리주의자는 신앙과 무신앙의 투쟁을 인정하고, 그중 누구도 과학적으로 증명할 수 없다는 것을 받아들인다. 합리주의자는 무신앙의 진실을 수긍하면서, 신들의 전쟁이라는 결론이 아니라 계몽주의의 점진적 확산 또는 환상의 지속이라는 결론을 내린다. 반대로 신앙인의 눈으로 볼 때, 회의주의의 의미를 정하는 것은 신앙이다. 사람은 모순적이기 때문에 아무도 실감하지도 않고 생각하지도 않는다는 철학에서 "신들의 전쟁"이라는 표현은, 논란의 여지가 없는 사실,

즉 인간은 세상을 양립할 수 없는 것으로 재현해왔다는
사실의 치환이다.[*]

아롱의 강연은 이런 절정의 상태에 있는 것은 아
니다. 하지만 진실에 가장 무관심한 사회, 또는 달리
표현하자면, 진실 또는 심지어 진실의 모색을 희생하
면서 자유를 어떤 유보도 없이 선택한 것처럼 보이는
사회인 바로 우리 사회에서 공동의 또는 공유할 만한
어떤 진실을 모색하는 이 강연은 관심을 받기에 조금
도 모자람이 없다. 아롱은 권리에 몰두하는 욕망의 무
정부 상태를 반박하는 진실을 전혀 내세우지 않고, 현
대의 쾌락주의가 그 어떤 제한으로도 제지되지 않는
격정에 휩싸여 있다고 푸대접하지도 않지만, 그는 "자
유민주주의의 도덕적 위기"에 질문을 던진다. 자유민

---

[*]   Max Weber, *Le savant et le politique*, introduction, op. cit.,
pp. 54-55.

주주의를 사로잡으면서도 가장 몰상식한 행동으로 비칠 수 있는 염려가 있다는 것은, 공동의 진실의 부재이거나 아니면 적어도 광범위하게 공유하는 공공재의 부재를 자유민주주의가 감수할 수 없다는 신호이다. 그러나 자유민주주의는 교조적인 회의론에 집착하면서 자유에서 방향 설정의 요소들을 박탈한다. 그러한 요소들이 없다면 설정된 방향은 조만간 재빠르게 퇴색될 수밖에 없다. 우리는 아주 너그러운 증인한테서도 이를 관찰할 수 있다.

이 책의 강연은 1978년 4월에 행해졌다. 여기 제시된 설명은 오늘날의 자유민주주의에 어느 정도로 유효한가? 앞에서 우리가 말한 것은 아롱이 우리에 대해서 많은 방식으로 말하고 있다는 것을 암시한다. 그것이 모든 기준에 초연한 자유에 관한 것이든, 아주 일반적으로 인정되는 민주적 정당성에 관한 것이든, 미덕이나 공공재에 대한 일반적인 개념의 부재에 관한 것이든, 우리는 그것을 알 수 있다. 아롱의 설명에서 우리에게 사라진 시대를 떠올리게 하는 것은 사회 그 자체 그리고 사회의 제도와 업적에 대한 '무정부적' 거부를 환기할 때인데, 그것은 일부 사람들이 다른 어떤 사회 또는 전혀 다른 어떤 사회, 즉 다른 어떤 '공동체'를 상정할 때이다. 이런 경향은 어느 정도는 그 후로 역설적이게도 사회화되어서 현재 사회에 통합되었다. 현재 사회는 시민들에게 사회적 전체에의 종속을 경험하게 했던 권위적인 제도들을 대체로 청산했다. 군 복무의 철폐를 언급하는 것으로 충분할 것이다. 동시에, 이처럼 '느슨해진' 사회는 사회의 결속을 보장하는 제도들을 잃어버리게 될까 봐 점점 더 전전 긍긍한다. 자유지상주의적 재량권이 자리를 잡고 일상적으로 되자마자 동시에 안전상의 요구가 점점 더 많이 피부로 느껴진다. 최근 10여 년간 프랑스 정부들에서 내무부의 중요성은 언급하지 않더라도, 이런 안전상의 요구는, 소위 '정치적 올바름' 기류 속의 대중 발언에 대한 규율이나 공중 보건 규제의 숨 막히는 확산 또는 오염에 대한 집착처럼 서로 다른 현상들 속에서 표현된다. 그 어느 때보다 더 "자유는 다른 사람에게 해롭지 않은 모든 것을 할 수 있는 데 있다"는 것은, "해롭게" 하거나 해롭게 할 수 있는 것에 대한 느낌이 확장되고 생생해지는 것만큼 말하는 것을 포함해서 할 수 있는 것이 점점 더 한정되는 결과를 가져온다. "모든 것이 나를 괴롭히고, 나를 해롭게 하고, 나를 해롭게 하려고 공모한다"〔17세기 프랑스 극작가 장 라신(Jean Racine)의 작품 《페드르(Phèdre)》의 대사—옮긴이〕는 대사는 현대의 시민에게 하는 말 같다. 시민 정신 쇠퇴의 바탕에 이처럼 실망스러운 인식이 놓여 있고, 아롱은 2차 석유 파동 직전에 그 징후를 진단했다.

일부 상황의 전개로 혼란에 빠지더라도 아롱은 아무도 비난하지 않는다는 것을 알 수 있을 것이다. 정치체를 규정하는 것은 시민들이고, 그 시민들은 공공재를 공유하므로 정치체 안에서 다 함께 결함들에, 오늘날 사람들이 즐겨 말하는 대로 하자면, 도시의 '병

리들'에 각자의 몫이 있다. 그 몫은 아마도 불균등하겠지만, 모두가 몫이 있다. 너그럽고 참여하는 관찰자의 공평함에서 치유가 시작된다. 지식인의 시선은 시민의 미덕을 장려한다.*

피에르 마낭

---

* 해제를 준비하는 데 도움을 준 레몽 아롱 사회정치연구소 객원연구원 줄리오 드 리지오에게 감사를 표한다.

레몽 아롱(1905~1983) 주요 이력

1924~1928 고등사범학교. 사르트르, 폴 니장(Paul Nizan, 1905~1940: 프랑스의 소설가이자 철학자—옮긴이), 조르주 캉길렘(Georges Canguilhem, 1904~1995: 프랑스 철학자—옮긴이)과 친분을 쌓음. 철학 교수 자격시험에서 수석 합격.

1930~1933 독일 체류.

1935 《현대 독일 사회학(La sociologie allemande contemporaine)》.

1938 《역사철학 입문. 역사적 객관성의 한계에 대한 시론 (Introduction à la philosophie de l'histoire. Essai sur les limites de l'objectivité historique)》.

《현대 독일의 역사 이론에 대한 시론. 역사 비판 철학 (Essai sur la théorie de l'histoire dans l'Allemagne contemporaine. La philosophie critique de l'histoire)》.

1940~1944 런던에서 〈라 프랑스 리브르(La France libre)〉 (프랑스를 점령한 나치 독일을 피해 샤를 드골이 런던에 수립한 일종의 망명정부인 '자유 프랑스'의 기관지―옮긴이) 편집장.

1945~1955 〈콩바(Combat)〉와 〈리베르테 드 레스프리 (Liberté de l'esprit)〉에 기고. 파리 정치대학(Institut d'études politiques)과 국립행정학교(École nationale d'administration)에서 강의.

1947~1977 〈르 피가로(Le Figaro)〉 논설위원.

1948 《대분열(Le grand schisme)》.

1951 《연쇄 전쟁(Les guerres en chaîne)》.

1955 소르본 대학교 사회학 교수로 선출(1955~1967). 《지

식인의 아편(L'opium des intellectuels)》.

1957 《알제리의 비극(La tragédie algérienne)》.

《세기의 희망과 두려움. 비당파적 시론(Espoir et peur du siècle. Essais non partisans)》.

1960 '유럽 사회학연구소(Centre de sociologie euro-péenne)' 설립.

1960~1978 나중에 EHESS(사회과학고등연구원)로 바뀐 EPHE(6분과) 소장.

1961 《역사 의식의 차원들(Dimensions de la conscience historique)》.

1962 《국가 간의 전쟁과 평화(Paix et guerre entre les nations)》.

《산업사회에 대한 18개 강의(Dix-huit leçons sur la société industrielle)》.

1963 '윤리학 및 정치학 한림원(Académie des sciences morales et politiques)' 회원으로 선출. 《대논쟁. 핵 전략 입문(Le grand débat. Initiation à la stratégie atomique)》.

1964 《계급 투쟁(La lutte de classes)》.

1965 《자유들에 대한 시론(Essai sur les libertés)》.

《민주주의와 전체주의(Démocratie et totalitarisme)》.

1967 《사회사상의 흐름(Les étapes de la pensée sociol-
ogique)》.

1968 《찾을 수 없는 혁명. 68혁명에 대한 성찰(La révolu-
tion introuvable. Réflexions sur les événements
de mai)》.

1969 《하나의 성(聖)가족에서 다른 성가족으로. 상상의
마르크스주의에 대한 시론(D'une sainte famille à
l'autre. Essais sur les marxismes imaginaires)》.

《진보의 환멸. 근대성의 변증법에 대한 시론(Les
désillusions du progrès. Essai sur la dialectique
de la modernité)》.

1970 콜레주 드 프랑스의 '현대 문명 사회학' 교수로 선출
(1970~1978).

1973 《폭력의 역사와 변증법(Histoire et dialectique de la violence)》.

1976 《전쟁을 생각하다, 클라우제비츠〔Penser la guerre, Clausewitz (t. I, *L'âge européen*; t. II, *L'âge planétaire*)〕》.

1983 《회고록. 정치적 성찰 50년(Mémoires. 50 ans de réflexion politique)》.

옮긴이의 글

이 책은 레몽 아롱이 1978년 콜레주 드 프랑스에서 한 마지막 강연을 그의 제자인 피에르 마낭이 편집하고 해제를 붙여서 세상에 나왔다. 마낭이 해제만 쓰지 않고 편집을 한 이유는 타자본으로만 남아 있는 아롱의 강연문이 매우 부실했기 때문이다. 그래서 마낭은 동료의 도움을 받아서 강연의 전체적인 맥락을 살피고 아롱이라면 이렇게 말했을 것이라고 여기며 군데군데 손을 보았다.

아롱이 1970년에서 1978년까지 재직한 콜레주 드 프랑스는 인문학과 자연과학의 기초 분야에서 프랑스 최고의 연구·교육 기관이다. 이곳의 교수로 임명된다는 것은 자신의 분야에서 최고의 학자로 인정받았다는 것을 의미한다. 콜레주 드 프랑스는 프랑스에서는 물론이고 세계적으로도 독특한 성격의 연구·교육 기관이다. 이 기관의 특징은 무엇보다 자유라고 말할 수 있는데, 행정상의 자율과 함께 교수들은 연구와 교육에서 거의 무제한의 자유를 누리며(교수들의 의무는 매년 13시간의 강의밖에 없다!), 세계 최고 수준의 강의는 개방되어 있어서 대중도 무료로 자유롭게 강의를 들을 수 있다. 이 책은 퇴임을 앞둔 아롱의 마지막 강연을 엮은 것이다.

학자로서 아롱은 엘리트의 길을 걸었다. 프랑스 지성의 산실인 고등사범학교를 졸업하고 그해 교수자격시험〔아그레가시옹(agrégation)이라고 불리는 프랑스의 교수자격시험 합격은 박사학위 취득보다 더 권위를 인정받는다〕에서 수석으로 합격했으며, 소르본 대학 교수를 역임했다. 그러나 능력과 업적을 생각하면 그는 상당히 늦은 나이에 소르본 대학(50세)과 콜레주 드 프랑스(65세)에 교수로 선출되었다. 그보다 한 해 전에 43세의 나이로 콜레주 드 프랑스 교수로 선출된 미셸 푸코(Michel Foucault)와 비교해보면 그런 점이 더욱 두드러진다. 이는 당시 프랑스 지성계의 상황 때문이었다. 제2차 세계대전 후 프랑스 지성계는 마르크스주의가 헤게모니를 장악하고 있어서 자유주의자이자 보수주의자인 아롱은 지성계에서 큰 주목을 받지 못하는 주변부 인물일 뿐이었다. 그래서 그가 1955년에 소르본 대학 교수로 선출될 때도 상당한 반대에 부딪혔다. 1970년대 중반에 이르러서야 그의 업적이 재평가되면서 그는 명성을 얻기 시작했다. 20세기 중반의 프랑스 지성계에서 좌파는 사르트르가, 우파는 아롱이 대표한다고 흔히 말하지만, 당시의 지성계나 사회에 미친 영향력 측면에서 보면 아롱은 사르트르의 적수가 되지 못했다.

　　내가 처음 만난 아롱은 국제정치학자였다. 대학교

학부생으로 처음 접한 아롱의 저서가 《국가 간의 전쟁과 평화》였기 때문이다. 이 책의 엄청난 부피와 내용에 압도당했고, 동시에 미국 국제정치학자들의 저서들과는 확연히 다른 내용에 흥미를 느꼈다. 이어 《사회사상의 흐름》에서 사회학자 아롱을 접한 다음, 마침내 철학자 아롱을 만나고서야 그 차별성이 기인하는 깊은 근원을 이해하게 되었다. 그는 또한 상아탑에만 머물지 않고 30년간 일간지 〈르 피가로〉의 논설위원으로서 현실 문제에 대해 적극적으로 발언했다. 학문의 경계를 넘나드는 학술 활동이나 현실 문제에 대한 적극적인 참여는 사실 프랑스 지성계에서는 보편적인 현상이다. 학문의 칸막이화는 미국적 학문 경향이라고 할 수 있고, 이를 허무는 일종의 통섭은 프랑스 학문의 전통이자 강점이기도 하다. 지식인의 사회 참여인 앙가주망(engagement) 또한 에밀 졸라(Emile Zola) 이래 프랑스의 전통이자 지식인의 책무로 여겨져왔다.

이 책에 담긴 아롱의 강연도 한편으로는 사회학

적이면서 철학적이고 또한 정치학적 사색이면서, 동시에 다른 한편으로는 당시 프랑스 사회에 던지는 화두이기도 하다. 콜레주 드 프랑스에서의 마지막 강연에서 아롱은 학술적으로든 정치적으로든 프랑스 사회에 자신이 중요하다고 생각하는 화두를 던지고 싶었을 것이다. 그래서 선택한 주제가, 그가 평생 성찰한 화두라고 피에르 마낭이 지적한 정치였을 것이고, 정치에서도 특히 자유의 문제였을 것이다. 이 강연에는 여러 소제목이 붙어 있지만, 크게 보면 '자유들'을 성찰하는 앞부분과 프랑스를 비롯한 서구에서 당시에 대두한 자유를 둘러싼 여러 사유와 주장을 비판하는 뒷부분으로 이루어져 있다.

아롱은 자유를 학술적으로 고찰해 그 본질을 설파하기보다는 역사적인 경험 속에서 구체적으로 자유를 들여다본다. 이 앞부분에 강연 대부분이 할애되어 있지만, 강연의 제목을 '자유와 평등'으로 삼은 것은 자유가 평등과 불가분의 관계이기도 하지만, 이 앞부분을 뒷부분의 비판을 위한 근거로 제시하기 위해서였을 것이다. 말하자면, 아롱은 '참여하는 구경꾼'으로서 자신이 생각하기에 '고전적인' 자유를 위협하는 당시의 새로운 사유와 주장들을 구경하고만 있을 수는 없었을 것이다. 당시 서구 사회에서 새롭게 분출하는 자유의 철학에는 자유와 함께 마땅히 제시되어야 할 좋은 사회의 표상과 미덕을 갖춘 시민에 대한 논의가 부재함을 한탄하는 아롱은 한편으로는 보수주의자의 면모를 잘 보여주면서 다른 한편으로는 마낭의 지적처럼 아리스토텔레스를 동반자로 삼고 있다.

아롱은 신자유주의의 아버지로 불리는 프리드리히 하이에크의 사상에 일정 부분 공감하면서도 동시에 비판적인 입장을 취했는데, 이 강연 이후 현실에서 불어닥친 신자유주의에 대해서는 어떻게 생각했을까? 그가 평생 화두로 삼은 것이 정치였으므로 해결책은 시장이 아니라 정치라는 견해를 밝혔을 것이다. 물론 그가 추구하는 정치는 자유민주주의였을 것이다. 오늘날 자유가 화두로 새삼스레 떠오른 우리 사회에서 자유주의자 아롱이 성찰하는 자유와 자유민주주의가 논의에 깊이를 더하는 데 도움이 되기를 바란다.

마지막으로 이 책을 번역할 기회를 준 에코리브르 박재환 대표께 심심한 감사를 표한다.

2023년 11월

이대희